梦山书系

★ 全国幼儿教师培训用书

幼儿园
一线教学经验聚焦50例

王萍 ◎ 主编

海峡出版发行集团 | 福建教育出版社

图书在版编目（CIP）数据

幼儿园一线教学经验聚焦50例/王哼主编.—福州：福建教育出版社，2023.9

ISBN 978-7-5334-9687-6

Ⅰ．①幼… Ⅱ．①王… Ⅲ．①学前教育－教学经验－教案（教育）Ⅳ．①G61

中国国家版本馆CIP数据核字（2023）第097917号

You'eryuan Yixian Jiaoxu Jingyan Jujiao 50 Li
幼儿园一线教学经验聚焦50例
王哼 主编

出版发行	福建教育出版社
	（福州市梦山路27号 邮编：350025 网址：www.fep.com.cn
	编辑部电话：010-62027445
	发行部电话：010-62024258 0591-87115073）
出 版 人	江金辉
印 刷	福建新华联合印务集团有限公司
	（福州市晋安区后屿路6号 邮编：350014）
开 本	710毫米×1000毫米 1/16
印 张	14.25
字 数	192千字
插 页	1
版 次	2023年9月第1版 2023年9月第1次印刷
书 号	ISBN 978-7-5334-9687-6
定 价	43.00元

如发现本书印装质量问题，请向本社出版科（电话：0591-83726019）调换。

目录

健康领域　　　　　　　　　　　　　　　　　　　001

妙用室内空间，玩转体育游戏 / 003

巧玩轮胎，趣味进行体育锻炼 / 008

巧妙设计，让幼儿在体育活动中快乐发展 / 011

幼儿定向运动，增强体力、发展智力 / 015

"树下体育"促幼儿健康发展 / 020

冬季玩转体育游戏 / 025

幼儿园户外体育游戏组织技巧 / 029

以情绪绘本为载体，提升幼儿情绪管理能力 / 033

借助绘本阅读，培养小班幼儿生活自理能力 / 038

"三力"促小班幼儿生活自理能力的养成 / 043

语言领域　　　　　　　　　　　　　　　　　　　049

巧用情境教学，优化语言学习 / 051

绘本教学游戏化，培养有效阅读 / 055

巧用绘本培养幼儿自主阅读 / 060

从阅读区视角，打开游戏阅读新方式 / 065

汉字启蒙教育促前阅读与前书写能力的发展 / 069

多途径提升幼儿前书写能力 / 072

开展丰富的活动，促幼儿语言发展 / 075

基于文学作品促进幼儿语言领域学习 / 078

幼儿园语言教学中巧用多媒体 / 082

多途径促进幼儿语言能力的发展 / 086

科学领域　　　　　　　　　　　　　　　091

培养自然观察能力，萌发科学探究意识 / 093

依托生命教育提升大班幼儿认知力 / 097

暖认知教学模式，培养幼儿科学探究意识 / 101

利用教玩具高效开展科学教育活动 / 106

让科学活动因"玩"而熠熠生辉 / 110

变换课堂提问方式，培养幼儿创造思维 / 114

关注数学核心经验，提升幼儿数学能力 / 118

让游戏贯穿在数学活动中 / 122

在动手操作中学数学 / 126

幼儿园数学教学生活化 / 130

社会领域　　　　　　　　　　　　　　　133

融品德教育于幼儿一日活动中 / 135

以绘本为载体进行感恩教育 / 140

多途径培养幼儿关爱品质 / 144

劳动养成教育促幼儿社会性发展 / 148

户外娃娃家促幼儿社会性发展　/　152

以传统节日为契机，提升幼儿社会性情感　/　156

"趣玩"传统节日，建立文化传承意识　/　159

巧妙教学策略，弘扬快板文化　/　163

《指南》引领社会领域中自信心的培养　/　167

大班幼儿责任意识培养实施策略　/　172

艺术领域　　　　　　　　　　　　　　　　　　　177

对小班幼儿进行多元化美术教学　/　179

绘本在幼儿美术教学中的运用　/　183

走向回归本真的绘画活动　/　186

学习水墨画，培养幼儿审美能力　/　190

与大师对话，和幼儿一起欣赏抽象画　/　194

美术与生活巧妙结合　/　197

观察法在美工区活动中的有效运用　/　201

幼儿园音乐教学中游戏化情境的创设　/　206

在音乐活动中培养幼儿的节奏感　/　209

农村幼儿园唱歌教学提升策略　/　215

健康领域

妙用室内空间，玩转体育游戏

室内体育游戏是指幼儿在幼儿园阳台、楼道、门厅、活动室等室内场所进行的身体活动，可以是钻爬、投掷等大肌肉活动，也可以是手指、脚趾等小肌肉活动；可以是有组织的集体活动、小组活动，也可以是自由分散的创造性活动。

许多幼儿园的室内运动空间非常有限，但是幼儿每天都需要一定的运动量，才能促进其体能的发展。当由于天气等问题无法开展户外运动时，该如何有效开展室内体育锻炼呢？室内体育游戏是不是户外体育游戏活动的照搬？

我们对这些问题进行了深入的思考，积极探索如何利用室内空间和已有材料来开发室内运动场所，开展符合幼儿年龄特点与发展需求的室内体育游戏，探索如何让幼儿成为体育游戏的主人并能主动地参与到体育锻炼中。

经过一段时间的实践，我们积累了一些课程资源，有效解决室内体育游戏空间小、隐患大、内容少等问题，提升了幼儿的体育游戏经验和交往能力，拓展了幼儿园体育游戏组织与实施的途径。

一、巧妙运用常规空间

为了有效地开展活动，要根据不同的活动内容选择和设置不同的场地。我们对幼儿园场地进行勘察、分析与规划，分别有活动室、午睡室、过道、大厅、楼梯和功能室。我们立足于现有硬件设施，讨论并规划室内可利用的场地，使这些场地都能充分发挥运动游戏的作用。比如：活动本身占用空间相对较大、幼儿移动性较强、活动次数较多、方向较复杂的，应该选择在宽敞的大厅；活动本身占用空间相对较小、幼儿移动性不大的，则可以选择狭窄的过道。

如何挖掘每个角落的运动价值，是我们关注的重点。我们针对场地的空间特点，合理利用、因地制宜、巧妙布局，为幼儿创设一个丰富、有趣、适宜的运动环境，使其充分发挥作用。比如：活动室空间较大，有现成的桌子、椅子和柜子。我们考虑就地取材，利用桌子、椅子、柜子和架子的特点，组合成运动器械，训练幼儿走、钻、爬、吊、滚、跨、跳等技能；利用活动室内随处可见的小区角，创设平躺踢物、坐位体前屈、泡沫板跳等游戏；运用午睡室中有序摆放的床铺，加上缠绕的皮筋，训练幼儿的跳跃、钻、爬等技能；运用楼梯有台阶、有坡度的特点，开展套圈、扔沙包、攀登等游戏；利用横梁的高度，创设纵跳触物、定高投掷等游戏；利用大厅的柱子，开展拉绳锻炼臂力的游戏等。

游戏场地的设置从地面到墙面，从墙面又拓展到空中，让环境发挥出最大的价值。这样幼儿就有更多场地可以运动，为有效提高幼儿的运动量奠定了基础。

二、精挑细选运动材料

材料是幼儿开展室内体育游戏的媒介物，教师投放的材料在凸显安全性的前提下，要考虑到其操作性和可变性，使幼儿能一物多玩，避免频繁更换游戏材料忽略了动作的发展。以布球为例：在设置好的过道里，幼儿们先纵跳摘球，接着将摘下来的布球进行曲线赶球，最后投球打动物。当然，布球还有很多玩法，比如：练习躲闪投掷、对垒打仗，等等。

为了使室内游戏更高效，以年级组长和教研组长为中心力量，对已有的资源进行筛检、归类和整理，并引导教师们探寻可利用的资源。教室里最多的莫过于桌、椅和玩具柜，于是，我们经过讨论和协商，决定就地取材寻找替代物，作为固定的运动器械。比如：利用教室内的椅子开展滚球、跳、走、放倒扶起、钻爬等游戏；利用桌子开展桌下的爬、打地鼠等游戏，桌面的扇球、吹球、打桌球等游戏，以及桌腿的跳皮筋、套圈等游戏；利用玩具柜开展平衡走、钻洞洞等游戏；利用书包柜开展爬、架梯子走、有一定高度的跳等游戏。这样，不仅避免了搬运之苦，还实现了因地制宜。

除了固定器械的不同玩法，我们还收集各种各样的低结构材料，设计出便于在有限的室内空间中开展的运动项目。比如：利用常见的纸球练习夹物后翻；利用娃娃家的会叫的小鸡、益智区的各种动物图片练习坐位体前屈；利用放雨伞的PVC管练习投掷。就这样，这些低结构、易变化的游戏材料，在大家的精心选择搭配下，彰显出无穷的创意。

我们还注重环境和材料给予幼儿的心理暗示。比如：过道地面贴着的"房子"，幼儿只要走在过道上就会不自觉地去跳一跳；过道上方悬挂着的小球，幼儿们总会跳起来去摸一摸；大厅的篮球架，幼儿们总会拿起皮球投一投……通过大家的有效设计，充分发挥了环境和材料的暗示作用，体现出激发幼儿运动兴趣的教育价值。

三、注重游戏趣味性

任何一个运动项目都不能是机械的动作练习。室内运动也要以游戏化的形式展开，加入情景，激发幼儿的任务意识，才能让幼儿主动参与到运动之中，从而使运动量目标达成。结合《3-6岁儿童学习与发展指南》（以下简称《指南》）健康领域中动作发展的目标要求，大班幼儿的室内体育游戏重在"挑战性"，中班幼儿的室内体育游戏具有"层次性"，小班幼儿的室内体育游戏凸显"趣味性"。幼儿能够自始至终体验到参与的快乐，运动的潜能和智慧得到激发，运动量也就自然而然地能够有效达成。

为了让幼儿们在游戏中保持积极参与的主动性，趣味性成为我们设计室内体育游戏需要思考的一个关键点。例如游戏"翻翻乐"，玩法如下：

1.两组幼儿各自选择一种颜色作为自己的代表颜色。

2.准备沙漏用来计时。

3.两组幼儿在规定的时间内，迅速翻转正方体，让代表自己颜色的一面朝上。

4.计时结束后，幼儿快速数出朝上的代表自己颜色的正方体的数量。

该室内体育游戏的趣味性体现在：这是一个比拼快速跑的运动游戏，也是一个既要去翻别人的正方体又要保护自己的正方体不被翻的智力游戏，还是一个包含点数、比较多少的数学游戏，也是幼儿在拼摆中感知正方体的建构游戏。随着每组幼儿人数和正方体的增加，游戏会更有趣味。

四、错时错峰开展运动

为了解决室内运动场地狭小的问题，我们提出了"错时运动"的设想——尝试变"年级组错时运动"为"楼层错时运动"。以二楼中班级组为例：运动时间分为两段，第一时间段为一、二班运动时间，活动场地包括自己教室、二楼整个走廊、楼梯和二楼的活动室；第二时间段则为三、四班运动时间。采用"楼层错时运动"后，场地资源比同一时间段四个中班同时开展室内运动时获得的运动场地增加一倍，解决了同一楼层所有班级在同一个时间段里集中运动所产生的场地拥挤、资源分配不合理的现象。

随着幼儿们对室内运动游戏的熟悉，我们进一步采用了"不动的老师，流动的幼儿"循环式的运动方式。教师在固定区域负责此区域幼儿的安全、运动指导，幼儿在同楼层的四个班级教室、午睡室、过道、大厅、功能室轮流运动游戏。这样既避免了幼儿过多造成拥挤，也避免了幼儿长时间在同一个区域运动产生游戏倦怠，使幼儿始终保持着兴趣。

　　小小的空间，大大的学问。我们充分地利用室内的小空间，运用原有的材料，开发室内体育游戏运动场所，和幼儿并肩展开探究，改变了以往室内运动"拥挤、单调、随意"的状况，丰富了室内运动的组织形式和活动内容，拓展了活动思路，提高了小空间室内体育游戏运动的有效性，彰显出运动课程别样的精彩。

四川省成都高新区和美实验幼儿园　张自霞

巧玩轮胎，趣味进行体育锻炼

教师应围绕体育教学活动的核心经验，基于幼儿已有的经验及年龄特点，探索出引导幼儿积极思考的创新模式，并通过引导幼儿运用不同数量体育器械组合，激发幼儿的创新思维，使其获得多种选择、多种探索的机会和条件，发展幼儿自主探索和分工合作的能力。

教师既要关注幼儿的个体差异，注重幼儿个性化学习，也要注重创设游戏情境。幼儿在教师创设的情景中，能够积极参与体验、自主探索学习，经历"尝试探索—发现问题—分工合作—分享交流"的思考过程，并在不断尝试中深度理解体育器械的多变性和易组合性的特点，进行多项技能、体能的练习活动。

《指南》提到："要充分利用各种自然物、废旧材料和常见物品开展活动。"当幼儿对已有材料缺乏兴趣时，如何使这些旧有的材料继续发挥作用呢？当幼儿有了尝试新玩法的需求，但又遇到了困难时，应该怎样给予他们具体的帮助呢？怎么抓住时机投放一些幼儿感兴趣又不浪费的材料，还能让幼儿创造出更多的新玩法？每次设计体育活动时，这些问题总是引发我深深的思考。

我们在设计体育活动时，会充分考虑器材器械的使用，让幼儿尽情玩耍、锻炼。比如巧玩轮胎活动，让幼儿们通过轮胎这一常见物，不仅可以锻炼跳跃、平衡、爬行等多种运动能力，增强体质，还可以发展创造力。

一、创设适合幼儿"最近发展区"的情境

在创设游戏情境的时候,要符合幼儿的"最近发展区",不能过难也不能过于简单,才能引起幼儿长时间的兴趣。例如:在"好玩的轮胎"活动中,我们设置了"轮胎障碍赛"的情境,将幼儿分成3组,由各组小组长带领组员进行接力比赛。首先是跳轮胎组的幼儿先跨跳3个障碍,接着滚轮胎组的幼儿小心翼翼地滚着轮胎绕过一个个障碍物,而钻轮胎组的幼儿则依次钻过轮胎,用时最少的组获胜。

通过这样的方式使幼儿逐渐掌握动作要领,然后引导幼儿根据逐渐增加的器械材料、数量以及自主设计障碍的难度,尝试与同伴协商,进行材料组合,让每个幼儿感受到不同材料组合带来不同身体动作的变化,在充分的活动中不断提高身体的协调性和灵活性。

二、一物多玩,使幼儿与材料充分互动

在轮胎"一物多玩"的过程中,幼儿是在与材料相互作用中主动学习和发展的。不同层次的幼儿能够在"轮胎障碍赛"中自主参与、体验、感受。幼儿通过对轮胎的探索、操作,充分发挥自己的想象力与创造力,发展了自主决定、主动学习、挑战困难的态度和能力。例如:幼儿发现轮胎太矮不能钻过时,能及时与同伴主动协商,不断调整,直到解决困难。这充分诠释了幼儿是在与材料相互作用中主动学习和发展的。

当然,如果在幼儿游戏中发现问题,教师可以及时引导,使幼儿进一步掌握动作技能,也可以让幼儿分享他们解决问题的办法,或者分享"一物多玩"的不同方法。以游戏分享环节为例:教师将小朋友集中,提问道:"你们觉得哪种玩轮胎的方式最难?为什么?"

乐乐说:"我觉得钻轮胎最难,我第一次钻的时候,头没有低下去,轮胎就倒了。"

萌萌说:"我觉得滚轮胎最难,我的脚没有力气,滚不动轮胎。"

教师继续追问:"你用的是哪种方式呢?"

萌萌说："我是双手扶着轮胎的。"

琪琪急忙接话："我用双手扶在轮胎的两侧，双脚分开在轮胎两侧，跟萌萌不一样。"

通过比较，大家发现萌萌用的方式要难一些，一致认同琪琪的方法好，同时也都掌握了快速滚轮胎的方法。

三、进行材料组合造型，注重幼儿个体差异

变换器材的使用方法，数量不同的器材相互组合，指向的动作技能不同，练习技能也有所不同。通过轮胎的创意拼搭，能让幼儿"跑、跳、跨、钻、爬、平衡"等多种运动技能得以全面发展。

幼儿的体育游戏，并非传统的锻炼身体，更重要的是他们按照自己对环境的理解，在选择自己喜欢的游戏材料后，能够积极主动与同伴进行沟通、探索，不断挑战更具难度的障碍游戏，尽情享受自主、竞争、合作游戏带来的快乐。

以"巧玩轮胎"为例，幼儿在不断探索时，深度理解了体育器械的多变性和易组合性的特点，发现三个轮胎的组合能够玩"青蛙跳水"、四个轮胎的组合可以玩"钻山洞"、六个轮胎的组合可以玩"打地鼠"等游戏。有了这些游戏经验，幼儿们主动增加难度，比如：萌萌建议把轮胎全部重叠在一起，莉莉建议把轮胎摆成S形……最后进行小结时，幼儿们明白了同样的轮胎可以设计更难的障碍，可以更有创意。这期间，有的幼儿发挥了超常的想象力，为组员献计献策，有的幼儿游戏能力较弱。我们充分尊重幼儿的个体差异，注重幼儿个性化学习，使幼儿整体都能够得到发展。

重庆市渝中区桂花园幼儿园　罗雯

巧妙设计，让幼儿在体育活动中快乐发展

幼儿体育是指幼儿园进行的、遵循幼儿身体生长发育规律的，运用科学的方法以增强幼儿体质的，保证幼儿健康为目的的一系列教育活动。《指南》指出："健康教育能够增强幼儿体质，使其保持愉快的情绪，养成良好的生活习惯和基本的生活能力，并为其他领域的深入学习和发展奠定基础。"

农村空气新鲜，活动天地大，动植物繁多，这些都是农村幼儿园的优势。这些宝贵的"财富"为有效地开展幼儿园体育活动提供了优越的物质基础。秉持"体是首位"的教育理念，我们应该科学合理地利用农村幼儿园所独有的教育资源，让每一位幼儿都健康快乐地成长！

一、体育教学活动要让幼儿"心动"

《幼儿园教育指导纲要（试行）》（以下简称《纲要》）中提出："要重视培养幼儿对体育活动的兴趣，根据幼儿的特点设计生动有趣、形式多样的体育活动。"教师引导幼儿参与体育活动的首要条件是让他们"心动"。

好动是每一位幼儿的天性，他们喜欢在广阔的操场上奔跑，直到大汗淋漓；他们喜欢不断地挑战教师提出的新任务；他们更喜欢三五成群地自主设计游戏规则，畅快地玩耍。但对于幼儿而言，他们的注意规律是无意注意为主导，易受外界新奇事物的影响。因此，我们在

设计体育教学活动时，注重活动形式的新颖性和趣味性，先让幼儿"心动"，那他们的"行动"也就顺理成章了。

例如体育活动"鲨鱼来了"，在游戏环节之前，我们先教授幼儿"蛙泳"的基本姿势，接着巧妙地将幼儿每天接触的"凳子"假设成"海岸"。幼儿们在教师的口令下从"岸上"跳到"海里"游泳，当听到"鲨鱼来啦"的消息就赶紧往"岸上"游过去。这种活动形式不仅能对幼儿身体的动作灵敏度和大肌肉进行锻炼，而且激发了幼儿对体育活动的浓厚兴趣，这也与《纲要》中健康领域所指出的"终身学习品质"的理念不谋而合。

兴趣建立在喜欢的基础上，发展于具体的活动中。兴趣是促成学习最初的动机，动机则支配所要学习的行为。换言之，让幼儿"行动"要先使其"心动"。

二、要多开展形式多样的户外体育活动

依据《纲要》精神，幼儿园必须保证幼儿每天户外活动时间为上下午各一小时，共计不少于两小时，其中每一小时中有组织的户外体育活动占半小时。可见，户外体育活动对幼儿的身心发展有着积极的影响。

户外是一个开阔的天地，也是一本很好的教科书。我们应该读懂幼儿的心理，把他们的兴趣引向户外，让他们接触自然，充分体验户外活动的快乐和自在。以轮胎游戏为例，幼儿们有时候会自主协商，分成几组进行"滚轮胎比赛"；有时候坐成男女两排，进行"运轮胎接力赛"；有时候会抱着轮胎进行体能游戏锻炼；等等。午休之后，我们会带着幼儿们去大花园玩一些有趣的体育游戏，比如"炸碉堡""寻宝""捉迷藏"等。天气晴朗时，我们大手拉小手去户外玩耍，幼儿们在游戏中成长，在实践中磨炼！

三、引导幼儿自主组织区域体育游戏

幼儿园区域体育活动这种较为新型的组织形式，是根据健康领域的目标、内容与要求，创设若干运动区域，投放不同的运动器具，让幼儿自主参与活动，用自己感兴趣的方式发展基本动作，提高动作的协调性、灵活性。

以椅子游戏为例：幼儿们以合作的形式将一张张椅子排成长长的两条直线，依次"过桥"；再将原先相对的两排椅子拉大距离，在椅背上交错"布网"，有趣的匍匐游戏——"穿越电网"即将开始；再或者将一张张椅子依次排成一条任意形状的线路，幼儿们踏上椅面、跨过椅背、踏上另一椅面，最后跳下来；等等。这种自主探索的实践活动比教师对活动材料精心地"排兵布阵"更有意义！

面积较大的幼儿园还可以设置多个体育区域供幼儿活动：野战区、搬运区、攀爬区、钻爬区、综合体能区、休息区等。多个区域划分的形式能够更充分地利用活动资源，让幼儿们共享各自的活动环境，也提高了幼儿的自主性和创造性。显而易见，区域体育活动能够尊重幼儿的个体差异，注重幼儿能力的培养，让幼儿在生动活泼的游戏中主动全面地发展。

四、将自然资源引入幼儿园体育活动

《纲要》中指出："要重视培养幼儿体育活动的兴趣，充分利用自然资源中各种因素进行锻炼，吸引幼儿主动参与，并体验运动的快乐。"农村幼儿园本身就有得天独厚的体育活动资源，如农村幼儿园周围有许多田埂、池塘、山坡、小树林等。这些天然的资源都可以作为体育活动的场地和器材。春天，幼儿可以在田埂上摇摇晃晃地走路，这不仅有趣而且锻炼了幼儿的平衡力；夏天，幼儿在阴凉的树林里捉迷藏、打野战等；秋天，幼儿帮农民伯伯收获这一年的劳动成果，体验了劳动的不易，也锻炼了身体；冬天，我们大手牵小手一起去小山坡打雪仗，玩得不亦乐乎！

《幼儿园工作规程》提出："幼儿园应因地制宜，就地取材，自制教具和玩具。"在农村，沙、石、土、水等自然物都可以转变为幼儿现成的体育器械。例如：用木板制成"两人足板"，锻炼幼儿的身体协调性和平衡能力；用废旧油桶和细竹条制成"电网"，训练幼儿的匍匐动作；用废旧大纸箱和小纸盒制成"台球组合"，锻炼幼儿的手眼协调能力；等等。

合理地统筹利用自然资源能够使幼儿在身边得到取之不尽、用之不竭的体育活动资源。在大自然中进行的一系列活动，使幼儿的情操得以陶冶、动手能力得以提高、观察能力得以激发、社交能力得以施展、体质得以增强。

五、家园协作，提高体育活动的开放性

体育活动在一些家长的心目中无非就是带着幼儿在外面蹦蹦跳跳，其实不然，丰富多彩的体育活动除了强身健体外，还可以培养并提高幼儿的智力、观察力、注意力、记忆力、团队精神等。那么，如何让农村家长真正地认识到幼儿体育的重要性呢？首先要让家长们走近体育活动，观摩幼儿们的表现。在这一过程中，家长可以正确认识幼儿体育活动，了解幼儿在什么样的体育活动中才能得到最大限度的发展。这样的观摩活动，可以使家长深刻认识到体育活动对幼儿身体发展的重要性，从而愿意为创造出更多的幼儿感兴趣的体育活动付出努力。

江苏省镇江市桃花坞幼儿园　李莹
江苏省镇江市丹徒区高桥中心幼儿园　焦康

幼儿定向运动，增强体力、发展智力

定向运动又称"定向跑""定向越野""识图越野""野外定向"等，定向运动能兼备其他体育运动活动形式的多项重要功能。幼儿能够在生动有趣的定向运动中，掌握正确的定向运动基本知识和技能，对促进幼儿的身心健康发展更具现实意义和研究价值。

开展幼儿定向运动不能像成人定向运动那样严格遵守某种模式，而是要根据幼儿的年龄特点及发展规律，以体育运动游戏为基本活动形式，将定向运动的相关元素儿童化、趣味化，不断调动幼儿的积极性，让幼儿在快乐的活动中掌握定向运动的基本知识和技能，增强体力、发展智力、培养能力。

一、安全第一位

《纲要》中指出："幼儿园必须把保护幼儿的生命和促进幼儿的健康放在工作的首位。"由此可见，幼儿的安全保健是顺利开展幼儿一切体育运动的前提保证。

由于幼儿定向运动活动具有开放性、自主性、丰富性等特点，在活动中只有按其活动特有的规则来约束和实施活动，才能使活动目标得以完全贯彻落实。如果缺少了规则，则会使目标得不到落实，幼儿安全得不到保障。规则交代清楚了，就会减少幼儿碰伤、撞伤的情况。

教师在开展幼儿定向运动之初，可以建立"幼儿定向运动安全保健常规""幼儿定向运动安全应急预案"等规则，努力把好幼儿活动中的安全关，将幼儿的兴趣与必要的规则结合，促进幼儿建立定向运动中的良好行为习惯。譬如以下一些注意事项：

1.参加幼儿定向运动活动前，要让幼儿系好鞋带、整理服装，还要讲清楚具体的注意事项，该怎么做，不该怎么做，增强幼儿的安全意识和自我保护能力。

2.为了便于教师的观察、跟点，防止不同活动的相互干扰，教师在幼儿定向运动中可以安排幼儿出发的间隔时间。

3.教师要对幼儿的定向路线进行认真的探讨，绘制出一套让幼儿沿着一个方向或循环路线进行活动的定向图。

4.加强活动过程中的安全指导，当有的幼儿为了快速完成定向任务，不遵守规则或出现推挤现象时，教师要及时干预。

5.加强对幼儿定向运动活动器械、场地的安全检查。在组织活动前，教师要查看所涉及的材料、场地的情况，消除一切不安全因素，严防安全事故的发生。

二、明确幼儿定向运动的目标方向

幼儿定向运动是一项智力与体力并重的运动。因此，在活动中教师要注重各年龄段幼儿身心发展的规律，在设定活动目标上应注重以下三个方面：

1.在设计幼儿定向运动方案时，幼儿参与活动的兴趣是活动的主要目标。一切以幼儿发展为前提，让幼儿成为定向运动的主人。

2.幼儿年龄不同，发展水平也不相同。由于各年龄段幼儿在晨间户外体育游戏活动中，通过体育运动的锻炼，已具备一定的运动能力、身体素质以及运动经验。因此，在制定各年龄段幼儿定向运动活动目标时，可以适当地提高运动的目标。

3.幼儿定向运动活动的内容不同，往往会使活动的目标也不同。如"帮小动物找家"定向运动，目标注重的是对幼儿合作意识、合作能力、角色意识等的培养。

为了使目标方向明确，在实践探索中可以根据制定的各年龄段目标进行分解，使之一目了然，如下表：

年龄段	目　标
小班	对定向运动感兴趣并乐意参加，有角色意识。 能看、识幼儿园区域平面定向图，按图中标点顺序找点标。 有较强的走、跑、爬等基本运动能力，动作协调。
中班	对定向运动感兴趣并主动参与，有合作意识、责任意识。 能看、识幼儿园场地平面定向图，根据站立点转动地图方向，按标点顺序快速找点标。 动作协调、灵敏，有一定的运动经验。
大班	对定向运动感兴趣，能积极主动参与，有合作意识、责任意识、竞争意识。 能看、识各楼层平面定向图及平面定向图的整合图，能按标点顺序选择最佳路径。 动作协调、灵敏，有较强的耐力和主动提升运动经验的能力。
混龄	小班幼儿在活动中能主动合作、沟通，听从指挥。 中班幼儿在活动中能积极协作，有完成任务的意识和行动。 大班幼儿有较强的组织能力、责任意识和友爱精神。

三、利用园所环境，以游戏的形式开展幼儿定向运动

教师要根据校园环境及幼儿身心特点，科学巧妙地开设幼儿定向运动，使幼儿定向运动不受场地、器材的限制，可以少用，甚至不用器材就能让幼儿初步掌握定向运动的技能，大大地降低教学成本。

我们也把游戏活动融入到了幼儿定向运动教学中，取得了较好的教学效果。运动游戏是幼儿最感兴趣的体育活动，通过游戏活动，给幼儿创造轻松、愉快的学习环境，可以使每个幼儿都能积极、主动地投入到这项新兴的运动中来。

四、训练基本技能

除了让幼儿了解基本的定向运动的概况和一般常识外,还要让幼儿掌握定向运动的基本技能,即:读图、选择路线、看标点、找点标、打点(记录单)等。如果用说教的教学方法,幼儿会觉得无味,效果也差。为了取得更好的教学效果,我们采用了以趣味性为主、轻量级的定向小游戏进行练习。在学习中尽可能让幼儿体会到成功的喜悦,进而通过时间的推移,逐渐达到基本的定向运动的要求。

1.读图练习

主要是为了让幼儿准确无误地读懂地图,清楚识别地图上的地貌。如教师把地图分发给幼儿,幼儿看图30秒后,教师发出相应地点的集合信号,幼儿要根据地图快速找到相应地点。经过反复的训练,可大大提高幼儿的读图能力。

2.标定地图

标定地图是指在定向运动中,幼儿明确自己实地站立的地点在地图上的准确位置。标定地图技术将决定幼儿的运动方向和路线,是开展幼儿定向运动教学的重点。对此,我们开展了"看图比快"的游戏,可以训练幼儿快速找到站立点,快速掌握这种定向能力。

3.找点标练习

正确地找点标练习,是决定幼儿成绩的关键因素。在此,我们将找点标这一环节进行了儿童化。例如:幼儿混龄定向运动"给小动物送食物"的游戏,可以让幼儿在玩的过程中掌握找点标的技巧,提高找点标的正确率。

4.路线的选择

在幼儿定向运动中,选择正确的、省时的线路是取得好成绩的关键所在。如"7选4"游戏,游戏前教师在操场上设置7个打卡器(以印章代替)和起、终点打卡器。游戏开始,幼儿从起点出发,从7个点标中选择任意4个点标依次打卡,最后到终点打终止卡,以时间最少者为胜。此练习可安排多次，让幼儿体会不同路线的选择可能会导致不同的结果，从而有选择地选出最佳路线。

在幼儿定向运动中，我们非常注重以游戏活动的形式贯穿活动全过程，幼儿非常喜欢和热爱这项智力和体力综合发展的体育运动。幼儿在定向运动中学会了初步的看图、识图、辨别方向、记录标点、寻找点标等定向运动技能，在欢乐愉快的活动和激烈的竞赛中，不知不觉地锻炼了身体，增强了体质。

幼儿定向运动的开展，也为幼儿提供了合作、交往、协商等社会性发展的契机，使幼儿在活动中自然而然地懂得了团结合作的重要性，进一步体验到合作的力量。

我们通过将"游戏"和"定向运动"二者巧妙地结合，充分调动幼儿的主观能动性，大大提高了幼儿学习的积极性，并提升了活动效果。让幼儿在快乐中完成运动任务，有利于培养幼儿热爱体育运动、主动参加体育运动的意识。

安徽省合肥华英幼儿园星海园　王京丽　胡振洲

"树下体育"促幼儿健康发展

我们在开展"树下体育"户外体育活动时,在全力保障幼儿安全的前提下,要求教师解放思想,克服过多控制的现象,顺应幼儿的自然发展,强调幼儿自主的活动,给幼儿自己动手动脑学习的机会。教师作为活动的观察者、记录者和追随者,要善于发现幼儿的闪光点和积极行为,并及时予以肯定和做出反应,以民主的态度对待幼儿,允许幼儿表达自己的想法和建议,而不是以权威的命令去要求幼儿。这样,能充分发挥幼儿的主动性,促进其个性发展,增强其体质。

一、树与树串联,创意规划场地

"树下体育"课程主要以"树"为背景,把树作为串联环境创设的主线,打造一种自然生态、绿色环保的整体空间。"树下体育"课程意在用一种自然、愉快的学习环境去唤醒幼儿的学习经验,以体育课程游戏化为载体,激发幼儿积极参与、乐于探究的兴趣。

一个能激发幼儿创造力的户外活动场地应该是安全的、可靠的,并且可以鼓励幼儿通过游戏与探索认识自己、同伴和环境;一个能够促进幼儿成长的户外活动场地需要有适合不同年龄段幼儿的游戏器材。

我们园户外场地宽阔平整,塑胶场地的铺设和大面积草坪的覆盖,让活动场地既科学又安全。在充分考虑整体规划、场地布局的基础上,我们借助周围已有的树木或其他辅助设施,设置了大型树屋、实木攀爬区、实木搭建区、树下戏水区、树旁交通路口、树下沙土坊、树下沙池、生态种植区等多个户外体育项目活动区，配备了充足的体育器械供不同年龄段幼儿使用，包括平衡木、小高跷、协力板、梯子等七十余类，能充分满足幼儿户外健康活动的需要，为幼儿的健康发展提供了条件。

园内自然环境生机盎然，高矮不同的树木花草错落有致，布满幼儿园的角落，婉转悠扬的鸟鸣声此起彼伏，让人心旷神怡、神清气爽。春天看万物复苏，生根发芽；夏季看绿树红花，枝繁叶茂；秋天看硕果累累枝头俏；冬天赏白雪皑皑。在幼儿园的方寸之间就能领略一年四季中的春种、夏长、秋收、冬藏，这些都是宝贵的学习资源，这种动静结合的整体性，凸显着"树下童年"的教育理念。

二、"树下体育"活动的组织要求

开放区域是第一步，虽然不同活动侧重发展幼儿某一方面的体能和能力，但区域之间是开放的。因地制宜，扩大幼儿的交往空间，幼儿可根据自己的兴趣和活动需要，自主决定练习的时间、速度和次数。

户外体育活动在时间的选择上很灵活，我们根据幼儿的需要，每月或每周全园共同确定一个时间，可全园共同活动，也可以按年龄或以班级为单位进行。

游戏是以幼儿的兴趣为出发点，由幼儿发起的自主自愿的活动，能充分发挥幼儿的主体性。兴趣是最好的老师，兴趣可以促进幼儿的自主性。幼儿在游戏中尝试活动，不仅能发展其走、跑、跳等动作技能，还能提升其思维和语言表达能力以及社会性。

三、"树下体育"活动的组织形式

户外体育活动存在多种组织形式。我们因地制宜，根据现有场地、班级情况、幼儿状况等，根据幼儿年龄特点和发展目标，以及实施的不同阶段，循序渐进实施进行。"树下体育"活动主要有以下组织形式：

1.班级

此形式是以一个班级为单位进行的活动。在适宜的场地投放需要的器械、材料，幼儿围绕活动目标，自主进行游戏化的体育活动。

2.同龄

在全园或年级范围内，根据本年龄阶段目标，打破以班级为单位的活动界限，幼儿共同进行年级间的体育活动。幼儿选择活动的兴趣提高，各班级的幼儿和教师交流机会增加。

3.混龄

不同年龄的幼儿打破班级界限、年龄界限共同进行活动。让不同年龄、不同班级的幼儿在更大范围的活动空间和交往空间，通过体育活动获得情感、经验的交往，以大带小共同游戏，为幼儿提供了自主交往、主动合作的机会。

4.特色运动会

围绕"树下体育"活动的开展，我们同时进行亲子运动会的筹划，每年确定不同主题。以幼儿和家长的互动游戏为核心，围绕"树下童年"教育理念，通过亲子体验活动来寻求家长对课程教育的支持，家园携手共同促进幼儿身心素质全面和谐发展。

四、"树下体育"活动的指导

在"树下体育"活动中，教师根据幼儿需求和年龄特点，结合走、跑、跳、投掷、钻、爬、平衡等方面目标要求，不断优化活动中各阶段指导策略，确定各年龄阶段的学期活动目标，再根据幼儿年龄特点和发展需要进行细化，制定实施了操作性较强的参考课程，确保"树下体育"活动各项目标的落实。在材料选择上，注重幼儿的差异性，满足不同幼儿达到最近发展区的需要。

1.活动开始阶段

(1)生理和心理准备

为保证活动质量，最大限度达到各项运动目标，使幼儿各项机能得到有效提高，我们先进行预热活动，使幼儿身体各部位进入活动状态。同时运用谈话、情景故事等方法，调动幼儿参与活动的情绪和积极性，激发幼儿主动参与活动的热情。

（2）活动环境创设

户外体育活动是以幼儿为主体的活动和环境，本着以幼儿为主的原则，鼓励幼儿运用认知和运动经验，和教师共同创设游戏情节，设计和摆放游戏材料，并随着游戏的发展进行适当调整。

（3）活动规则建立

良好的游戏常规是游戏顺利开展的保障。为提高活动质量，我们在活动开始前提醒幼儿遵守不同活动常规，如器械常规、换区常规、"大让小"、"大带小"等游戏常规。

2.活动进行阶段

（1）观察策略

"树下体育"是一种幼儿自由自主的活动，教师是耐心的观察者，真正从观察中去获取幼儿与同伴之间、与环境材料之间的准确信息，关注幼儿的表现和反应，敏锐地察觉他们的需要。户外体育活动为幼儿提供了充分活动的机会，在这一过程中，幼儿的个性、兴趣、爱好、动作、运动能力得以充分展现。我们通过幼儿的情绪、表情、动作来了解幼儿的心理情况，根据幼儿在活动中的表情和情绪来了解幼儿的需要，从而进行适当的调整。

（2）支持策略

《纲要》指出："教师应成为幼儿学习活动的支持者、合作者、引导者。"教师在观察的基础上，关心幼儿的发展需要，为幼儿提供各方面的支持和帮助。在户外体育活动中，幼儿基于各自的性格、能力的不同，在与材料、同伴的互动中呈现出不同的状态和需求。对于胆小的幼儿，教师应注重消除其心理上的障碍，多给予鼓励和安慰，以增加幼儿的勇气，帮助他们顺利完成活动。因此，教师要充分全面地了解幼儿，并预见幼儿在活动中可能出现的各种情况，以便在需要时给幼儿提供最大帮助。

(3) 引导策略

户外体育活动是以幼儿为主体，幼儿自主选择和参与的游戏活动。游戏中他们运用以往认知和经验，进行新的尝试，不断增加和提高自身技能。在此过程中，离不开教师的引导。教师通过有效观察和引导，通过启发和支持幼儿的游戏，帮助幼儿达到更高水平的发展。我们多采用开放性提问和启发策略，引导幼儿探索、思考与表达。通过与幼儿互动交流，了解幼儿的"问题"需要，更有利于户外体育活动中幼儿的主动性和自主性的培养，以及各项体育目标的实现。

3.活动结束阶段

(1) 放松及整理活动材料

幼儿整理活动材料是体育游戏自主性的表现，也是活动的一部分。不仅是活动后的放松，同时还培养了幼儿力所能及的责任感，帮助他们养成做事有始有终的良好习惯。

(2) 谈话活动

活动结束后，是师幼互动的部分。这是教师与幼儿良好关系建立的重要环节，也是幼儿回顾和提升的重要环节。我们根据幼儿活动的情况、出现的问题、新的表现和玩法，引导幼儿进行讨论、交流，为幼儿开启新思路、创新玩法提供保障，为后期幼儿体能和运动能力的发展，以及"树下体育"活动各项体育锻炼目标和总体目标的实现提供帮助。

山东省东营市河口区义和镇中心幼儿园　王月英

冬季玩转体育游戏

根据《指南》的教育建议，要保证幼儿每天户外活动时间不少于两小时，其中体育活动时间不少于1小时，利用多种活动发展身体平衡和协调能力，发展幼儿动作的协调性和灵活性，创造条件和机会，促进幼儿身心健康发展。《纲要》指出，培养幼儿对体育活动的兴趣是幼儿园教育的重要目标，要根据幼儿身心特点来组织生动有趣、形式多样的体育活动，吸引幼儿参与。

冬季，天气比较寒冷，开展户外体育游戏的时间有限，无法满足幼儿发展的需要。基于这个问题，我们尝试挖掘因地制宜的特色体育游戏，并开发利用民间体育游戏资源，创设适合冬季玩耍的体育游戏活动，以增强幼儿体质为核心，促进幼儿身心健康的发展。一系列活动的开展，不仅保证了幼儿每天户外两小时体育锻炼的效果，又使幼儿享受到了冬季的温暖。

一、有效利用雪资源，玩起各种游戏

冬天遇到下雪天，我们会带领幼儿们观察雪的形状。走到户外，踩几个小脚印，听听声音，再捏几个小雪球，体验一丝凉意。我们会分组打雪仗，一会儿又堆个雪人。雪下大了，还可以挖个雪洞，躲进去藏猫猫。幼儿们通过看、听、摸、踩等方式接触雪，在自由、宽松的环境中去玩、去尝试、去探索，反映出较为科学的教育思想和理念。

二、运用丰富的材料开展特色游戏

《指南》中教育建议提到，要激发幼儿参加体育活动的兴趣，要为幼儿准备多种体育活动材料，鼓励他们选择自己喜欢的材料开展活动。根据冬季气候特征，我们为幼儿提供了一些符合雪中和冰上游戏的材料，并利用足球、雪橇、滑板、冰陀螺、沙包、铁环等创设了各种特色游戏。例如：

1."雪地足球"游戏：幼儿们在雪中追逐、抢球、传球，尝试将足球踢到球门，努力控制球的速度和方向，体验团队合作的魅力。

2."拉爬犁"游戏：在幼儿分组后，一人坐爬犁，其他人拉爬犁，幼儿们在雪中奔跑，他们一起拽、拉、推，在大自然的怀抱中尽情释放自己的童心和童乐，并通过游戏明白合作的重要性，培养幼儿不怕困难的品质。

3."踩雪橇"游戏：一只脚踩雪橇，另外一只脚蹬地，使劲往前滑，幼儿必须掌握好脚的力度和身体平衡才能顺利进行。

4."甩冰陀螺"游戏：幼儿手持一根棍，棍上系着绳子，手臂要用力地甩动小棍，才能使冰陀螺旋转起来。

这些体育游戏形式多样，既有走、跑、跳、爬，又有钻、踩、踢，玩起来有趣、安全。

我们利用多种活动发展幼儿身体平衡和协调能力，发展其动作协调性，还结合活动内容对幼儿进行了安全教育，使幼儿在活动中提高了自我保护能力。

三、创设生动有趣的游戏情景，促进幼儿全面和谐发展

我们在游戏活动中，通过创设游戏情景，运用游戏辅助材料，使扮演的角色更加形象逼真，并通过夸张的动作、怪异的表情、感染性的音乐引导幼儿进入游戏情景。例如：

1."勇闯雪迷宫"游戏：幼儿们扮演小士兵，绕过小椅子设置的"小山"，跳过丝绸设置的"小河"，拿起自制的"手榴弹"投向敌人

的碉堡，两人合作抬着雪球返回，顺利完成解救"伤员"的任务。通过游戏锻炼幼儿走、跑的能力，提高幼儿的动作灵敏性。

2."雪地运宝"游戏：幼儿分组比赛，匍匐前进，然后将手中的球投进摆放好的轮胎中，投中者可用小铲子铲一些雪运回我方阵地，搭建城堡，看哪组幼儿率先完成搭建任务。通过游戏锻炼幼儿爬行、投掷的动作。

另外，我们集思广益，还创设了一些园本课程，创设了很多有趣的情景游戏。这些游戏能使幼儿你追我赶、跑动起来，在不知不觉中培养着幼儿不怕苦、不怕累、勇敢坚强的精神。

我们还根据幼儿年龄特点、游戏内容和角色要求来灵活掌握，使幼儿们按照游戏情节和过程顺利进行游戏。这样的情景游戏不仅能使幼儿的身体得到放松和锻炼，还能激发幼儿参与游戏的积极性。

四、自制体育器材，提升民间体育游戏内涵

教师在设计和组织实施体育游戏时，从目标的设立、内容的选择到活动的开展，都要遵循幼儿身心特点，把运动、游戏、指导三者有机结合起来。

我们围绕民间游戏开展园本教研活动，共同研究，征集意见，制定出适合幼儿的户外体育游戏材料，并运用材料以年级为单位创设特色体育活动，以班级为单位开展游戏健身活动，就地取材，将沙包、鸡毛毽子、跳绳、球、瓶瓶罐罐、轮胎运用到体育游戏中，结合传统的民间游戏，创新游戏模式，提升游戏内涵。

我们还通过家长会、班级群、校讯通、家长开放日等，与家长一起收集废旧材料，如挂历、报纸、麻袋、塑料瓶等，共同制作一些拖、拉、投、踩、踢等多样性、复杂性、具有挑战性的体育器材，丰富体育活动材料，培养幼儿的探索能力、创新能力和协作能力。

五、创新体育游戏活动形式

陈鹤琴指出:"儿童的世界,是儿童自己去探索、去发现,他自己求来的知识,才是他的真世界。"我们通过"一物多玩",满足幼儿的不同需求。例如:

1.沙包的玩法:夹沙包、头顶沙包、跳飞机格、扔沙包。

2.轮胎的玩法:滚轮胎往前滑、绕障碍物滚轮胎、踩轮胎、跳轮胎、多人合作抬轮胎。

3.高跷的玩法:踩高跷往前走、踩着高跷绕过障碍物、踩着高跷钻过绳子、踩着高跷往前跑。

我们还将多种器械合理搭配,多种材料灵活组合、变通,让这些器材发挥各自价值。如高跷、小棍、绳子的组合玩法:把高跷摆在地上,幼儿手持一小棍,站在离高跷半米远的地方,用小棍将绳子钩住,像钓鱼似的去钓高跷,比谁的速度快。

我们遵循幼儿身心发展规律,充分挖掘园内外体育教育资源,结合民间体育游戏,开发适合冬季开展的体育游戏项目。在实践中,我们不断思考、不断调整、不断总结、不断改进、不断创新,使体育游戏得到最大的发展。

黑龙江省虎林市八五六农场幼儿园 何峰莉

幼儿园户外体育游戏组织技巧

身心健康是幼儿生长发育中最重要的原动力，无论做什么事情都要建立在身心健康的基础上。在幼儿园的教育教学中，户外体育游戏是增强幼儿身体机能、身体素质、抵抗力、免疫力等的重要形式之一。那么如何组织与实施户外体育游戏才能更科学、更有效地达到锻炼幼儿体能的目的呢？经过长期对户外体育游戏的关注与研究，我们发现户外体育游戏的组织与实施是具有一定的原则与规律的。

一、户外体育游戏前的准备工作

在每一次户外体育游戏前，教师应做好充分的各项准备工作，包括运动器械、户外玩具、运动场地等。运动器械、户外玩具的选择要具有趣味性，这样会大大提高幼儿参与游戏的积极性。

安全是幼儿游戏中必须关注的问题，特别是场地的准备，要宽敞、开阔且没有障碍物。运动器械、户外玩具以布料、塑料、纸壳等材料为主，不要有尖锐、坚硬的物品，避免幼儿在游戏中受伤。

二、户外体育游戏开始部分

户外体育游戏开始部分又称热身运动，是体育运动之前必备的环节。热身运动可以活动肢体、关节，使身体更好地适应接下来的主要技能锻炼。幼儿身体机能不及成人，因此热身运动环节更加重要。一般的热身活动包括头部、肩部、腰部、腿部、踝关节、腕关节等活动。在具体的游戏中，幼儿哪个部位的关节使用频率较高、较强，在热身活动中就应增加这一部位的热身程度。

三、户外体育游戏的开展环节

1.技能练习

（1）为幼儿提供充分探索的机会

技能练习环节，教师要为幼儿提供充分探索的时间和机会。探索环节可分为两种，一种是动作技能技巧的探索，另一种是运动器械玩法的探索。在幼儿探索过程中，教师的角色是观察者，注意观察每一位幼儿的运动行为，并及时给予引导和帮助。如在锻炼幼儿纵跳的游戏"小猴子摘果子"中，教师在观察中及时发现动作规范的幼儿，请他在集体面前做示范，并请其他幼儿讨论为什么这位小朋友会跳得高。待幼儿思考后，教师再与幼儿共同总结向上纵跳的动作要领：双腿屈膝→双臂摆动→双脚同时用力蹬地→向上伸出一只手触碰果子。

（2）重难点前置

技能练习中要有针对性地锻炼某些动作，或是把稍有难度的动作提炼出来进行重点练习，帮助幼儿熟练掌握动作要领，从而加强对幼儿自信心的培养。

2.基本游戏环节

（1）故事情节为主线，贯穿游戏之中

幼儿对故事角色扮演有兴趣，每次要求扮演故事中的角色时总是跃跃欲试，并且能很顺利地进入角色。户外体育游戏的情节化就是寓户外体育游戏于一定的内容，以故事的形式把各个部分串联起来。户外体育游戏的故事化、情节化，不但能提高幼儿户外体育游戏的兴趣，也能帮助幼儿更好地理解、锻炼动作技能，获得更好的发展。如在锻炼幼儿走的游戏"小蚂蚁运豆"中，我们把小蚂蚁运豆这个故事情节贯穿始终，使得游戏更具有趣味性，提高了幼儿参与游戏的积极性，从而促进了幼儿体能的发展，也实现了"玩中学、学中玩"的教育理念。

（2）重综合能力的锻炼

户外体育游戏虽然有重点培养的目标，但在游戏设计与实施中要考虑到游戏的综合性，通过丰富的游戏内容全面发展幼儿的体能，使游戏更多元化、趣味化。如在锻炼幼儿走的游戏"小蚂蚁运豆"中，为了使游戏更加多元化，除了走的运动，游戏中还有跑、跳、钻爬、平衡等运动方式，在达到总目标的同时也满足了幼儿其他技能的发展需求。

（3）循序渐进、从易到难的方式开展游戏活动

户外体育游戏的组织，教师应根据幼儿的特点和已有经验来开展。在运动技能的学习中，要遵循循序渐进、由浅入深、由易到难的原则，合理分配难易点，科学调控运动过程，使幼儿在活动中"跳一跳就能够得着"。要避免因为运动技能的难度太大，导致幼儿很难掌握，从而影响幼儿参与游戏的兴趣。如在小班平衡游戏"小熊过桥"中，活动的总目标是锻炼幼儿能勇敢、较平稳地通过宽20厘米、长150厘米的平衡木。活动开始时，我们先为幼儿准备了难度相对较低的平衡木进行锻炼，待幼儿能独自平衡通过后，再加大难度。这样一来，幼儿不仅可以更好地达到预期目标，也不会因为难度太大而失去自信心。

3. 放松活动

不能忽略放松活动的组织，因为放松活动是帮助幼儿在强烈的体育运动过后，身体和心理上得到缓冲的过程。一般来说，在全班幼儿情绪较为高涨，还在意犹未尽的时候结束游戏，是最为合适的。在此时结束游戏，能让幼儿回味游戏的过程，期待下次游戏的来临。此外，游戏结束时，教师还应引导幼儿参与器械的收拾和整理，让幼儿养成收拾整理、做事有始有终的好习惯。

放松活动不仅包括身体上的放松，也包括心理上的放松。通常，我们会选择节奏舒缓、优美的音乐来进行户外体育游戏的放松环节。

当幼儿听到这样的音乐时，会情不自禁地把紧张情绪放松下来，再通过肢体上的动作进行全身心的放松。这时，我们会带领幼儿跟随音乐的节拍，轻轻拍打自己的手臂、大腿、小腿等。也可以利用幼儿间的合作互助，互相放松，如在体育游戏结束后让幼儿排成一列站好，左转或右转面向一个方向，后面的小朋友为前面的小朋友拍拍后背进行放松。这样，不仅使幼儿放松了身体，也培养了幼儿的合作意识和互帮互助的良好品格。

四、户外体育游戏的评价与反思

户外体育游戏的评价与反思，是教师教育教学工作中的重要部分之一。其重要性在于教师通过对教育教学过程中的评价与反思，总结本次户外体育游戏的目标的达成效果，以及组织方式方法是否适合幼儿、户外体育游戏的设计是否激发了幼儿参与活动的兴趣等，以此来调整日后工作的目标与方向，在评价与反思中不断地改进与完善自身的教育技能技巧。

辽宁省大连高新技术产业园区第二实验幼儿园　张丽

以情绪绘本为载体,提升幼儿情绪管理能力

《纲要》中健康领域的首要目标是"身体健康,在集体生活中情绪安定、愉快"。各个活动都要以促进幼儿情绪情感的健康发展为目标展开,可见情绪管理能力在幼儿身心健康发展方面起着重要作用。

儿童的情绪管理能力是指能准确识别并理解自己与他人的情绪,能控制调节情绪,能合适地表达情绪。对幼儿来说,由于语言表达能力有限,他们通常以情绪外泄来表达内心的真实感受,但这种表达往往是不准确的,甚至是过激的。因此,提升幼儿的情绪管理能力对幼儿的心理健康成长有着举足轻重的意义。

幼儿期是情绪情感发展的关键期,有目的地培养幼儿情绪管理能力,促进其心理的健康发展,是幼儿园教育的重要内容。情绪主题绘本作为一种载体,从幼儿的年龄特点出发,以简单的故事情节呈现主人公情绪的变化,为幼儿提供了情绪表达与调节的范例,能够有效提升幼儿情绪管理能力。我们依托情绪主题绘本,从识别情绪、表达情绪和调节情绪三个维度,阐述了提升幼儿情绪管理能力的具体策略。

一、识别情绪

1.通过画面色彩识别情绪

人的情绪可以用不同的色彩来表达与象征,颜色也会对人的情绪变化产生各种影响。教师应该帮助儿童感知色彩的不同,有意识地引导幼儿对与色彩对应的情绪进行识别和命名。比如绘本《菲菲生气

了》，书页的颜色就是根据故事情节而变化的。绘本先讲述了菲菲生气的原因——因为没有抢到玩具而生气，此时画面的主色调是红色，代表愤怒的情绪；菲菲生气后刚跑出门看到的是紫色的森林，代表生气的情绪；当菲菲爬上一棵老榉树，此时画面的主色调是绿色，菲菲的心情变好一些了；最后，菲菲回家看到温馨的一家人，此时画面以黄色为主色调。在阅读过程中，教师要引导幼儿对色彩的视觉认识和感知，最大限度地促进幼儿对于各种情绪的识别和理解。

2.通过故事情节识别情绪

故事中波折的情节不仅能满足幼儿的体验需求，还可以有效地帮助幼儿识别喜、怒、哀、乐等情绪。在绘本《生气的亚瑟》中，亚瑟的妈妈让他去睡觉，不让他看电视，所以亚瑟生气了。亚瑟非常、非常地生气，开始的气化作一片乌云，爆发成闪电、雷和冰雹。可是还不够，亚瑟的气形成强劲的旋风，掀走了屋顶，掀走了烟囱和塔尖……故事带给幼儿的不仅仅是情感共鸣，还有对情绪背后深远意义的理解，这也是绘本故事的力量。

3.通过人物言语识别情绪

围绕情绪展开的还有情绪绘本里的言语描写。比如绘本《我很害怕》，教师在讲述过程中，可以引导幼儿判断哪一句话是表达害怕的情绪，请幼儿根据故事情节将绘本表达害怕情绪的一句话说出来，帮助他们把内在隐性的情绪用明朗的、直观的、形象的语言表现出来，从这些言语中理解、识别情绪。

4.通过人物表情识别情绪

在生活中，幼儿分辨和识别他人的情绪比较困难。但在情绪绘本中，人物的表情丰富而又夸张，幼儿可以通过观察直观感受人物的情绪变化，也可以借助教师的讲述深刻理解和识别人物的情绪。比如绘本《菲菲生气了》，用非常生动的表情和动作表现菲菲的强烈情感，幼儿从画面就能了解菲菲的情绪变化。教师在与幼儿共读中，还可以自然地把描述情绪的词汇传递给幼儿，帮助他们给情绪命名，从而进一步识别、理解情绪。

5. 通过角色代入识别情绪

在阅读绘本故事中，幼儿将自己置身其中，感受着故事主人公的情绪情感，可以在不知不觉中提高情绪识别能力。以集体阅读《小熊的阳光》活动为例，通过教师声情并茂地讲述，随着故事的层层递进，幼儿都化身成为"小熊"，感受着小熊对雪人的思念之情……到故事最后，幼儿充分感受到了"思念"这种情绪，一些幼儿甚至被这种情绪所感染，落下了泪水。

二、表达情绪

1. 通过丰富词汇表达情绪

注重情绪表达的精准度，是情绪绘本在语言方面的主要优势。比如绘本《小绵羊生气了》，"生气"就是一个情绪词汇。在这个绘本故事中，"生气"这个词汇时常被重复提起：好朋友茉莉吃掉了莫莫的苹果，莫莫十分生气。莫莫一定要得到他最想要的那只苹果，接着却发生了一连串可怕的事情——莫莫长出了生气牙齿、生气犄角、生气蹄子和生气尾巴，还掉进了一个黑乎乎的洞里。教师可以引导幼儿模仿或表演故事中人物"生气"的语气语调，加深对情绪词汇的理解。这样，幼儿不仅掌握了情绪词汇，还习得了说出自己内心感受这一表达情绪的重要方法，运用丰富的表情、肢体语言可以使情绪表达得更加充分。

2. 通过创设情境表达情绪

绘本中跌宕起伏的故事情节能够吸引幼儿，使幼儿置身其中。教师可以把故事中情绪突出的、变化较大的情节提取出来，创设相应的故事情境，引导幼儿模仿角色，并在其中体验、感受不同的情绪。比如绘本《鸭子说不可以》，其中一个情节是当小动物们离开池塘后，鸭子非常失落。我们借助音乐进一步渲染故事的情绪氛围，帮助幼儿体验故事中人物的心情，这比单纯地观察画面理解得更加深刻，对情绪的识别也更加到位。在这个过程中，幼儿逐渐能够站在他人的角度去体验、识别情绪，为后面的学习奠定了基础。

3.通过角色表演表达情绪

为了让幼儿进一步感受、理解各种不同的情绪，我们鼓励幼儿把绘本故事用表演游戏的形式展现出来。在这个过程中，幼儿进一步体验、感受各种不同的情绪，并通过表演释放各种情绪，尤其是不良情绪。在表演游戏时，幼儿对情绪的识别和理解更加深刻了，同时能够区分哪些情绪是好的，哪些情绪是不能长期保持的，对缓解幼儿不良情绪有一定的促进作用。

三、调节情绪

1.理解、接纳消极情绪

借助情绪主题绘本，教师应引导幼儿认识到：每个人都会出现消极情绪，要学会理解和包容，接纳消极情绪，坦然地正视和面对。在绘本《杰瑞的冷静太空》中，小男孩杰瑞因为摔了一跤，打碎了为爸爸生日做的陶碗，回到家后大发脾气。在妈妈的引导下，他找到让自己感觉变好的方法——建立一个积极暂停角，并与妈妈一起布置了自己的冷静太空。教师要重点引导幼儿觉察杰瑞是如何接纳自己的情绪、觉察生气时身体的变化、认可自己生气的感受的。

让幼儿学会用正确的态度对待各种情绪，尤其是处理好不良情绪，对于幼儿的心理健康有着非常重要的意义，也对幼儿将来拥有健康的心态、快乐的生活有着至关重要的作用。

2.注意转移消极情绪

对于幼儿来说，注意力的转移是一种非常有效的调控情绪的方法。一是离开促使消极情绪产生的场所；二是让幼儿自己选择感兴趣的某些活动。

3.适当宣泄消极情绪

倾诉是宣泄情绪的一种方法，如绘本《我好嫉妒》中的描述：

"我可以跟奶奶讲讲我在嫉妒什么,这没什么丢人的,谁都会有嫉妒的时候。"自我发泄也是宣泄的一种方法,画画、唱歌、跑步、听音乐、喊一喊等,都是自我发泄在动作上的表现。当幼儿闹情绪时要耐心疏导,不要强行压抑。可以给他独处的空间和时间,让他静一静,待情绪缓和再进行沟通。沟通过程中要注意倾听,分析消极情绪产生的原因及后续影响,将有利于促进幼儿对消极情绪的理解及调控。

幼儿阶段是个体情绪发展的重要时期,对幼儿心理素质的健康发展起到关键性的作用。绘本特有的图文特点能够快速地吸引和激发幼儿的阅读兴趣,教师要根据幼儿的年龄特点及兴趣需求选择合适的情绪绘本,帮助幼儿更直观地描述情绪、表达情绪以及学习和掌握调节情绪的方法,从而促进幼儿情绪管理能力的发展。

河北省高碑店市第一幼儿园 陶亮

借助绘本阅读，培养小班幼儿生活自理能力

陶行知先生曾说过"生活即教育"，教育要蕴含在生活中，教育离不开生活。绘本涵盖内容广泛，其中有一类就是针对幼儿生活能力的培养。幼儿通过阅读，会把自己代入故事中，产生对故事主角的认同和喜爱。

在陶行知生活教育的理念下，我们针对小班幼儿入园出现的生活自理能力薄弱现状，挖掘绘本的现实价值，将幼儿绘本阅读与幼儿生活自理有机结合，从"以绘本唤醒幼儿生活力""以绘本助推幼儿生活力"和"以绘本优化幼儿生活力"三方面循序渐进，三条养成路径促进幼儿行为养成。

一、以绘本唤醒幼儿生活力的"进·改"路径

绘本以形象的画面与简短的文字呈现在幼儿面前，看似简单但寓意深远，直观生动的画面中蕴含生活的哲理或深刻的道理，而幼儿通过阅读理解与图画主人公产生共鸣，领会绘本的精髓。

1.跟进研读，进阶行为养成

在绘本阅读分享会上，我们收集了适合培养幼儿良好习惯的绘本，通过分析与归类、筛选，分为两步走：第一步是选择适宜小班幼儿自理能力学习的绘本；第二步是考虑所选绘本教学的前后顺序。在带领幼儿进行绘本阅读时，通过"小步子递进"形式，引发幼儿情感共鸣，循序渐进，改变自身行为，从而进行系统化的培养。

2.精改绘本，优化教育价值

(1) 删选画面，突出行为重点

小班的集体教学时间相应比较短，在15分到20分之间，这样的时间不允许每幅图都进行细致的阅读。教师要围绕教学宗旨，有目的地删选画面，突出重点，这样不仅能保持幼儿对阅读课堂的热情，也便于幼儿对绘本内容的理解。如绘本《鳄鱼怕怕，牙医怕怕》，绘本阅读的重点是让幼儿学会如何保护牙齿。因此，在重复对比的图片中，选择有针对性的几组图片，让幼儿发现其矛盾冲突，从而帮助鳄鱼想出以后不去拔牙的办法就是要保护牙齿，在帮助鳄鱼的过程中知道勤刷牙的重要性。

(2) 增补画面，梳理学习路径

为了更好地引导幼儿理解故事的情节，可以增加一些图像符号的画面，这样会更好地引领幼儿将童话的寓意与实际的生活相连接，从而帮助幼儿梳理学习路径。如绘本《爱吃水果的奶牛》，我们结合思维导图中的"圆圈图"，在绘本教学中增加了一张奶牛爱吃的水果的图片，中心圆是奶牛，外圈圆是各种各样的水果。这幅图的设置，不仅可以帮助幼儿梳理奶牛喜欢吃哪些水果，还可以引导幼儿进行创编——"奶牛还喜欢吃哪些水果呢"，培养幼儿的发散思维能力。这样的图片还可以放置在绘本墙上，利用环境影响幼儿，潜移默化地教育幼儿喜欢吃水果。

二、以绘本助推幼儿生活力的"学・纠・悟"路径

教师在引导幼儿阅读绘本时，要注重让幼儿将阅读内容与自我经验的反思和提升相结合。教师的指导可以帮助幼儿整合和反思已有经验，实现幼儿自我精神世界的升华。

1.学正向角色，引发行为体验

(1) 理解作品，领略表率行为

小班幼儿好模仿，教师在前期精选优化绘本图片后，在绘本教学

中引导幼儿观察、模仿，引发幼儿学习好行为的动机，为幼儿理解"怎样做才是好行为"提供支架。如《绿色健康精灵》中的绿色精灵村，每次午餐时，教师会有意识地引导班里的幼儿说说——今天精灵村里有哪些精灵？这些小精灵对身体健康有什么帮助？由此幼儿吃饭的积极性更高了，挑食的不良习惯也慢慢减少了。

（2）情境表演，体验正向行为

可以结合绘本进行故事表演，让幼儿在对话、角色扮演中学习绘本主角良好的行为习惯。表演能加深幼儿的情感体验，促进幼儿行为的养成。如绘本《穿衣服》，可以引导幼儿学会自己穿衣服。当幼儿学会穿衣服的方法后，我们创设情境"我会自己穿"，让幼儿在集体面前表演穿衣服，不仅加深穿衣的体验，也调动幼儿自己穿衣服的积极性。

2.纠反向角色，引发行为内化

（1）剖析作品，探纠行为对错

有些绘本会故意呈现主人公不适宜的行为。通过幼儿前期良好行为观念的树立，我们会设立问题情境或语言情境，引导幼儿指出该绘本中角色不适宜的行为，并进行集中探讨，强化幼儿良好行为的树立。如绘本《根本就不脏嘛》，教师在教学的过程中结合不同画面引导幼儿思考——小女孩这样玩真的不脏吗？幼儿结合生活经验与前期良好习惯的养成，能够发现并讲述小女孩手脏的原因，还教小女孩怎样洗手，继续强调幼儿洗手讲卫生的重要性。

（2）活动情境，加深行为内化

当幼儿指出绘本中角色不适宜的行为时，我们会创设"我来帮助某某"的情境，让幼儿通过帮助绘本主角再现良好行为，不仅能满足幼儿帮助他人的情感需求，还能不断促进幼儿良好行为的内化。

3.悟平常角色，引发经验积累

（1）系列学习，领悟行为榜样

榜样的力量是无穷的，榜样对儿童有重要影响。幼儿在阅读绘本的过程中，会对特定的绘本主角充满喜欢与崇敬。因此，我们选择贴近幼儿生活的绘本主角组织幼儿进行系列的学习，帮助幼儿在不断地学习过程中积累经验，从而提升幼儿的自理能力。如绘本《小熊宝宝》，动物漫画形象可爱大气，画面色彩鲜艳漂亮，书中的每个故事都很生活化，可以看到幼儿生活中的影子，因此在互动讲述学习中更容易引发幼儿的情感共鸣与内化。

(2) 角色代入，加强经验积累

基于套系绘本的学习，我们每月围绕一个绘本主角，创设专题情境"我是某某某"。通过专项活动的开展，幼儿模仿绘本主角良好的生活自理行为，在生活的点点滴滴中积累经验。

三、以绘本优化幼儿生活力的"说·学"路径

幼儿园的一日活动皆教育，我们把对幼儿良好生活自理能力的养成渗透于一日活动的各个环节中，做到与环境的整合、与区域活动的整合。通过这些活动的整合，使幼儿从小养成良好的生活自理能力，为终身的健康成长打下坚实的基础。

1.创"会说话"的墙面，引发行为学习

(1) 完整呈现，树立行为榜样

学期初，通过对绘本的精心选择与研读，同时依据幼儿生活习惯各方面的培养目的，我们选择适宜的绘本图片进行加工处理，创设了"绘本墙"。随着绘本教学的不断开展，逐步把正确行为的绘本图片进行完整呈现，引导幼儿循序渐进地与"绘本墙"的主角互动学习，从而让良好的行为习惯在心底慢慢扎根。比如"绘本墙"从刚开始设置"我会自己睡觉"自我奖励评价，逐步过渡到"我会自己穿脱衣服"的自我评价，逐渐提升了幼儿自我管理的能力。

(2) 局部呈现，递进行为养成

把有针对性的绘本图片优化后，我们会把相关图片创设在幼儿生活的各个区域中，进行局部呈现，这样有助于激发幼儿的情感。比如

在喝水区呈现绘本主角正确喝水的方法，在盥洗室利用绘本主角呈现洗手的步骤图，在午睡室结合绘本主角呈现穿衣的演示图等。

2.创"会学习"的游戏，加强行为练习

每个幼儿的发展速度是不一样的，因此在生活中会遇到不同的问题。为了满足不同能力幼儿的需求，教师要善于捕捉和发现幼儿存在的问题，针对不同幼儿存在的问题，结合个别化学习活动，利用绘本主角巧妙地创设有趣的游戏情境。如结合绘本《我会自己吃》，我们在生活区创设了游戏情境"美味火锅"，在活动区里提供大小不同的勺子用具，火锅里面放置大小不同、材质不同、软硬不同的"食物"，幼儿佩戴小熊头饰，根据自己的能力选择适宜的勺子，假装用勺子舀饭。在这样的游戏情境中，幼儿使用勺子的能力不断提高。

幼儿的自理行为养成需要在"真实的情境"中练习，而把幼儿最喜欢的角色游戏巧妙地与绘本有机结合，会自然而然地帮助幼儿学习巩固已有的自理行为，进一步掌握生活技能与方法。

广东省韶关市曲江区第二幼儿园 陆美云

"三力"促小班幼儿生活自理能力的养成

在日益注重素质教育的当下,幼儿生活自理能力的培养是幼儿园教育工作中的重点之一,贯穿整个幼儿教育阶段。从小建立良好的生活自理能力和自理习惯,对幼儿的一生影响深远。《纲要》明确指出,幼儿期是自理能力形成的关键时期,应开展丰富多彩的生活活动,有目的、有计划地帮助幼儿养成基本的自理能力。特别是小班幼儿正处于身心快速发展的时期,他们动作发展迅速,喜欢模仿,更加需要教师的重视和正确引导,助力其生活自理能力的培养。

一、得力策略——科学定位合理发展

基于小班幼儿自身能力水平较低、仍以具体形象思维为主、存在个体差异等现实情况,需要对幼儿进行科学定位,制定合理的、符合小班幼儿真实水平的生活自理能力养成策略。

1. 循序渐进明要求

《指南》健康领域明确指出了小、中、大班幼儿的生活自理能力差异。

3—4岁	4—5岁	5—6岁
1.在有帮助的情况下能自己穿脱衣服或鞋袜。 2.能将玩具和图书放回原处。	1.能自己穿脱衣服、鞋袜、扣纽扣。 2.能整理自己的物品。	1.知道根据冷热增减衣服。 2.会自己系鞋带。 3.能按类别整理好自己的物品。

纵向来看，3—4岁的幼儿自身能力水平还较低，整理物品的能力也比较低，成人对其生活自理方面的要求也应适当放低。小班幼儿能在成人的协助下完成任务即可。针对处于不同的年龄阶段的幼儿有不同的要求，让其能够循序渐进、逐步发展，而不一味追求高标准、高要求。

横向来看，3—4岁的幼儿能力水平也有差异。对于能力水平不同的幼儿，需要有不同的自理要求。比如穿衣服，对于能力强的幼儿，目标是可以自己区分正反前后，自主穿衣；而对于能力弱的幼儿，目标则是在老师的提醒帮助下区分正反前后，尝试自主穿衣。经过一段时间后，再修改目标，让能力弱的幼儿逐步过渡，提升自理能力。

2.环境支持巧暗示

小班幼儿以具体形象思维为主，所以在一日生活中，环境的支持也显得至关重要。小班幼儿主要通过感官的感知来了解事物，记忆时长比较短暂，容易遗忘。这就要求在幼儿的日常生活环境中创设一些直观、形象的照片、流程图，并投放在恰当的位置，来帮助幼儿记忆、回顾，这样的环境创设能够起到一定的提醒、暗示的作用。比如在班级的饮水处旁边，我们设置了喝水记录，能够提醒幼儿自主喝水；在厕所的洗手池旁边，我们张贴了七步洗手法的示意图，帮助幼儿回顾七步洗手法的顺序，能够按照正确的方法来洗手等。有了照片、流程图的提示，幼儿在各个生活环节中能够更好地自我服务。

3.差异教育定目标

小班幼儿之间存在个体差异，年龄差异、性别差异等，这些差异会导致幼儿能力也有所不同。一般来说，幼儿的自理能力发展水平随着年龄的增大而逐渐提升，男孩手部精细动作的发育稍晚于女孩，但力量发育更早，整体上男孩的自理技能发展稍晚于女孩。

教师在日常教育教学的过程中，应当考虑到幼儿的个体差异，根据幼儿的具体情况来制定分层次的教育目标。比如，对于能力弱的幼儿，先提供一些方便用手抓握的食物，之后再逐步过渡到能够正确地使用工具（勺子等）来进餐；对于能力强的幼儿，可以让其自主选择使用工具（勺子、筷子等）来进餐。不同的目标，让能力不同的幼儿都有了学习、锻炼的机会。

二、合力策略——家园联盟共筑成长

《纲要》在指导要点中指出："社会学习是一个漫长的积累过程，需要幼儿园、家庭和社会的密切合作、协调一致，共同促进幼儿良好社会性品质的形成。"家园合力，通过沟通交流、绘本书单、行为练习等方式能够提高教育的有效性，提升小班幼儿的生活自理能力。

1.沟通交流树理念

想要真正提升小班幼儿的生活自理能力，光靠幼儿园方面的努力是远远不够的，更加需要家庭教育的力量，结成家园联盟，合力培养幼儿的生活自理能力。父母作为孩子的第一任老师，需要与幼儿园统一教育理念，站在一条统一"战线"上，不过分溺爱幼儿。

（1）日常家访沟通

教师应通过日常和家长的沟通交流，向家长传达正确的育儿理念，真正做到让家长认识到生活自理能力的培养对于小班幼儿的重要性，做到在园什么样，在家也要同样要求幼儿，减少幼儿对家长的依赖。家长与教师形成合力，促进幼儿的生活自理能力的提升。

（2）家长学校

每月召开的家长学校是教师向全体家长传达正确的教育理念的好机会。利用家长学校面对面的方式，教师可以通过讲解生活自理能力对于小班幼儿的重要性、请自理能力较强的孩子家长分享家庭的教养方法、共同讨论梳理等方式提供一些具有可操作性的策略，在拉近与家长距离的同时帮助家长树立正确的教育理念。

（3）祖辈家长会

举办特别面向祖辈的家长会，让家里比较溺爱孩子的祖辈家长来参加，针对祖辈家长特有的溺爱孩子的心理，对症下药，纠正理念，减少祖辈家长对于孩子的过度溺爱与包办。

2.绘本书单助兴致

绘本以图画为主，结合少量文字，这个形式符合小班幼儿的学习兴趣。关于生活自理类的绘本非常丰富，教师可以向家长提供分门别类的绘本书单，例如：

睡觉类绘本	《睡觉去，小怪物》《再过10分钟就睡觉》
吃饭类绘本	《谁吃了我的粥》《我绝对绝对不吃番茄》
洗澡类绘本	《好脏的哈利》《洗澡是场大冒险》
刷牙类绘本	《鳄鱼怕怕，牙医怕怕》《牙虫大搬家》
如厕类绘本	《是谁嗯嗯在我头上》《马桶的故事》

按需选择相关自理类的绘本，利用每天亲子阅读的时间，让幼儿了解生活自理的好处，在潜移默化中促使幼儿萌发自理意识。

3.行为练习解难点

小班幼儿自理能力的发展是不均衡的，可能在某一方面表现突出，而某一方面表现落后。针对这样的情况，应当对症下药，定期举办一些自理能力比赛，比如穿衣服比赛、叠被子比赛等。在比赛过程中，榜样示范、同伴互助，助力发展幼儿自理能力。以比赛促发展，在家也要让幼儿多动手、多练习。在一次次的练习中，激发幼儿生活自理的内在动力，提升幼儿自理的主动性，最终达到发展幼儿自理能力的目的。

三、致力策略——多元激发自主参与

小班幼儿注意力集中时间短，因此，需要经常变换多样性的教育形式，才能不断吸引其注意。对于小班幼儿来说，相比传统的单一、死板的教育形式，教师采用多元、创新的教育形式——趣化学习、动作拆解、正面评价等方式，可以更有效地激发幼儿自主参与的积极性，提升自理主动性。

1.趣化学习辅记忆

根据小班幼儿具体形象思维为主等年龄特点,教师需要趣化幼儿生活自理能力的学习,通过恰当的方式方法来帮助幼儿记忆一些生活自理的步骤。

(1)形象动作

洗完手后,可以通过"来弹钢琴弹弹弹"的形象动作来提醒幼儿在冲干净手后要在洗手池里弹去手上多余的水。

(2)趣味儿歌

穿裤子时,编配有趣的儿歌:"一条裤子两个筒,就像两个小山洞。小宝宝,来穿裤,就像火车钻山洞。左脚钻进左山洞,右脚钻进右山洞。呜呜呜,呜呜呜,两列火车进山洞。"让幼儿通过儿歌学习穿裤子的方法,这种趣味化的学习方式可以帮助幼儿记忆,能够激发幼儿主动参与学习生活自理技能的积极性。

2.动作拆解降难度

拆解不熟悉的、较复杂的动作,能够有效地帮助小班的幼儿学习运用生活自理的技能,提升生活自理能力。幼儿的生活自理学习从注意掌握分解动作开始,一步一步拆解学习,再将各个拆解的部分动作连接成一个整体,最后掌握完整动作。

(1)示范讲解

对于小班幼儿来说,一个看似简单、一气呵成的动作,在动作学习的早期阶段也需要教师进行示范讲解,通过拆解学习降低难度。

(2)辅以图示

将自理方法的每个分步骤以图示的形式进行张贴,可以帮助幼儿回忆方法,提升自理的主动性、积极性。

3.正面评价获动力

《指南》指出:"鼓励幼儿做力所能及的事情,对幼儿的尝试与努力给予肯定,不因做不好或做得慢而包办代替。"小班幼儿的动作发展迅速,当幼儿在自理能力方面取得了一定的进步时,教师需要不断地用口头鼓励、代币奖励等方式鼓励幼儿。

（1）口头鼓励

可以使用"你的嘴巴真的像大老虎一样呀，啊呜啊呜吃得真快！""你扣扣子更加熟练了，真是越来越像大哥哥、大姐姐了"这样积极的、正面的鼓励性语言，能有效激发幼儿继续学习的热情。

（2）代币奖励

可以在班级里布置一面墙，作为展示墙面。根据幼儿的自理能力表现情况，奖励贴纸、筹码、计分等，强化幼儿的自理意识，提升自理主动性。

小班幼儿生活自理能力的培养对其一生影响深远，而生活自理能力的培养也不是一蹴而就的，需要幼儿园、家庭的共同努力。明确教育的正确方向，制定合理的目标，脚踏实地一步一步去完成，从而帮助小班幼儿在生活自理能力方面有进一步的提升。

浙江省海宁市实验幼儿园教育集团康桥幼儿园　张雨虹

语言领域

巧用情境教学，优化语言学习

语言是人类最重要的交流工具，语言的运用和发展都离不开一定的情境。幼儿时期，是语言发展的重要时期，而创设让幼儿"有话可说"的教学情境，是语言教学活动的关键。在实际教学中，教师要掌握幼儿特点，创造一个良好的语言环境。从教室的摆设到教具的准备，以及如何提问等，都可作为训练幼儿语言能力的素材。让幼儿在训练中提高语言表达能力，对促进幼儿良好的思维发展也是十分重要的。有了语言情境，幼儿们就能自然而然地进入角色，有了说话的机会和说话的内容，从而促进语言能力的发展。

一、创设直觉情境

幼儿的情感和语言观念，其主要形式是与具体形象相联系的直觉情感。幻灯、录音、实物等都具有很强的直观性和形象性，恰当地加以应用，可以缩短教材与幼儿之间的距离，使幼儿身临其境，为其"知、情、意"的发展创设良好的"最近发展区"。例如，学习《大公鸡和漏嘴巴》绘本时，教师给幼儿提供了实物——碗和勺，让幼儿模拟吃饭时东张西望的状态，从而真切体会到边吃边玩就会变成"漏嘴巴"，懂得吃饭不能边吃边玩的道理。

二、创设问题情境

绘本故事中，性格化的人物是假设的基础，所发生的事情都是沿着一定的逻辑顺序展开的。例如，在绘本《小松鼠的大尾巴》里，小松鼠帮助了许多小动物，小动物们很高兴；在绘本《笨耗子的故事》中，小耗子的任性与耗子妈妈对小耗子的溺爱害了小耗子。在教学中，我们设计了一些问题让幼儿讨论：如果小松鼠没有帮助小动物躲雨，会怎么样呢？假设耗子妈妈不那么溺爱小耗子，故事又会是怎样的呢？这些问题的设置，可以引发幼儿思考。我们还引导幼儿续编故事或者改编故事结尾，很好地锻炼了幼儿的逻辑思维能力与语言表达能力。

在日常的语言教育活动中，教师要针对幼儿的心理状态及思想实际，结合教材内容设置具有思维价值的问题，启发幼儿思考。也可以引导幼儿进入角色，触发幼儿的问题意识，激活幼儿的思维兴趣，促使幼儿对一些现象进行深入的思考。

三、创设心理情境

语言课教学要注意触发、调动幼儿的情感，将幼儿理智的思考引入情感体验之中，为幼儿创设良好的心理情境，让幼儿在情感体验中动"真情"。例如，在绘本故事《猫医生过河》中，动物王国的小动物们生病了，猫医生急着要到河对岸给小动物们看病。为了创设故事中的情境，我们设计了几幅动物王国的背景图和小动物们生病的图片，用来呈现事情的紧急性。我们引导幼儿边观察边开展情境式联想，让幼儿设身处地体会猫医生的心理变化，然后启发幼儿抒发自己的感受。在这一过程中，幼儿经历了一场丰富的情感体验，加深了对这类问题的理解。与此同时，还培养了幼儿关爱他人、乐于助人的可贵品质，锻炼了幼儿的语言表达能力。

四、创设表演情境

活动与情境的各种因素对道德情感具有诱发、熏陶作用。幼儿生活的空间是其成长的基本环境，让幼儿在其自身的活动中获得发展是培养和激发幼儿语言情感的有效途径。在对幼儿进行语言能力培养的过程中，不宜枯燥地照本宣科，要适时适度、因地制宜，恰当地创设表演情境，让幼儿在美的享受中得到教育。

在表演实践的过程中，可以进一步加深幼儿对作品情节与主题的理解，从而做出正确的语言表达和行为选择。例如，学习绘本《母鸡萝丝去散步》时，我们首先引导幼儿学习母鸡萝丝散步时用到的动词，帮助幼儿理解"走过、绕过、越过、经过、穿过、钻过"这些动词的概念；接着出示教学幻灯片，引导幼儿进一步观察、理解狐狸的动作和表情，尝试体会母鸡萝丝与狐狸之间的关系，并大胆表述出来，锻炼幼儿的口语表达能力；最后引导幼儿模仿、扮演小狐狸进行情境表演，加深幼儿对故事的理解，体会故事的诙谐幽默。借助表演，可以寓教于乐，使活动生动活泼、富有成效，幼儿们也乐在其中。

五、创设现实情境

实践是幼儿语言能力培养的重要途径，引导幼儿参与实践活动能有效帮助幼儿将认识转化为实践，帮助幼儿加深理解所学到的知识。节假日时，可鼓励家长带幼儿多参加一些社会实践活动，让幼儿通过眼看、口问、耳听等方法提高认知、扩大视野。来园时，再以"演讲会"的形式创设现实情境，引导幼儿讲述自己的发现、深化自己的认识、锻炼自己的勇气与口语表达能力。

六、利用简笔画创设情境

在语言教学中，我们经常运用边念儿歌边完成简笔画创设情境的方法进行教学。这种方法简单便利，也很形象。幼儿听着儿歌，同时看着老师将语言描述的东西变成了图画。运用简笔画创设情境教学，不仅容易吸引幼儿的注意力，也使幼儿更容易感知并理解教学内容。如学习诗歌《家》时，学习到"蓝天是小鸟的家"这句话时，教师运用简笔画画出了相应的情境，给幼儿以实实在在的形象感受，使语言的训练变得更简洁易懂了。

七、整合各领域创设情境

整合各领域的内容，创设更丰富的情境，可以使活动丰富、有趣。在语言教学中，我们经常加入音乐、美术、科学、社会等领域的内容，将它们与主题融合，对所教内容起到升华作用。如在诗歌《秋天多美丽》的教学中，我们播放了一些舒缓优美的音乐，配上相应的图片。在幼儿基本掌握诗歌内容的基础上，又进行一些延伸活动，如情境表演、画一画秋天、唱一些关于秋天的歌、讲一些秋天的知识……通过各领域内容的整合，幼儿学到了更多知识，知识体系更加完整，学习兴趣也更浓了。

北京市顺义区顺和花园幼儿园　高姗姗

绘本教学游戏化，培养有效阅读

著名的学前教育家陈鹤琴说："幼儿是生来好动的，是以游戏为生命的。"游戏是幼儿的天性，教育者应顺应幼儿的天性。结合当前教学背景下的幼儿教育实践研究，并根据幼儿年龄的心理特点，让课程游戏化与绘本教学有效结合，从绘本阅读到绘本游戏，通过丰富的绘本课程增强幼儿参与活动的乐趣，达到课程的多元化体现，让幼儿在课程的参与过程中积累各方面的经验和知识。

结合《指南》和"课程游戏化"的要求，我们在绘本阅读课程开展过程中，充分借用绘本故事核心元素，把游戏作为绘本教学活动的手段，寓游戏于绘本教学，渗透游戏精神，进行探索尝试，有效培养了幼儿的阅读习惯。

一、挖掘绘本教学游戏化的独特性

绘本教学游戏化是指依托绘本内容，根据幼儿的年龄、心理特征与教学策略等方面，借鉴游戏，把幼儿教育的目标、内容、要求有机融于各种游戏之中，开展绘本教学活动，并设计、选择适当的发展工具、评价方法、教学策略。这种教育方式是现代教育理念的典型表现，充分尊重幼儿在教育活动中的主体地位，让幼儿们在玩中学、做中玩。

1.游戏铺垫主题

开展绘本教学活动之前，游戏活动为先导，鼓励幼儿看看、玩玩、动动。绘本《鸭子骑车记》就是一个很好的范例，讲述了一只快乐的鸭子，它自信勇敢、大胆尝试，实现自己疯狂的想法——骑车！

为了"有准备地学习"，活动一开始，我们带领幼儿玩词语"变变变"游戏。

首先，说相反的词，如开——关、多——少、胖——瘦、大——小；

其次，合并反义词变新词，如开关、高低、胖瘦、大小；

最后，二字词语变成四字叠词，多少——多多少少、大小——大大小小、摇晃——摇摇晃晃、稳当——稳稳当当、潇洒——潇潇洒洒。

幼儿玩得开心，同时也掌握了绘本《鸭子骑车记》中的三个核心词语——摇摇晃晃、稳稳当当、潇潇洒洒，有助于理解故事背后鸭子的自信、勇敢和执着。

有了游戏铺垫，我们趁热打铁问幼儿："我们平时学什么本领也是这样从不会到会的？"幼儿运用已获得的经验去同化、顺应，联系自己成长经历进行经验构建，再次深刻感受到学本领要自信勇敢、大胆尝试，树立积极向上的人生观。

2. 游戏顺应主题

在绘本《天生一对》中，小个头的鳄鱼先生和大个头的长颈鹿女士，虽然相互间存在巨大差异，但他们勇敢携手给别人带来奇迹。根据幼儿的认知发展，对于"天生一对"的理解有难度，需要引导。我们设置了游戏"生活物品配配对"，把四只鞋子混在一起，让幼儿帮助它们找到与自己匹配的。然后引导幼儿思考鞋子、袜子、碗、勺子、桌子、椅子，谁和谁能配成一对，并讲清楚理由。玩过游戏后，我们回归绘本主题，带着问题阅读故事，借助幼儿已有的生活经验，巧妙地把教师的课程转化为幼儿的课程。

二、挖掘绘本中的自带游戏

在进行好玩的绘本游戏前,选材显得极为重要。教师作为教学的执教者,要善于发现绘本中包含的游戏环节或游戏情节,利用游戏帮助幼儿理解绘本角色、动作、对话、内容和意义等;还要将适宜的教材供给幼儿学习,激发幼儿的兴趣,让绘本成为促进幼儿心灵成长的一种催化剂。教师在指导幼儿绘本教学活动中,积累各种有效游戏化学习的教学策略和教学经验,并就教学提问、师生互动等教学环节进行不断的观察—反思—提炼。这样,幼儿的思维才能得到拓展,有效的想象或联想才能得以发挥。而挖掘绘本自身携带的游戏,是帮助幼儿理解绘本主题的有效途径之一,也能起到事半功倍的效果,所以教师要格外重视。

三、设计与绘本主题相吻合的游戏

教师作为教学活动的组织者和引导者,在绘本教学活动开展前应深入研读绘本,对故事内容进行理解,对文字的显性信息进行解读,并深层次地对绘本主题进行剖析,挖掘故事中隐藏的价值观、情感因素等。

1. 游戏再现生活,情境凸显主题

充分开发贴近幼儿生活的元素,通过巧妙创设游戏,再现生活真实情境,让幼儿的学习回归生活,让幼儿在生活情境中获得感受和体验,逐步形成经验,这样的绘本阅读活动是幼儿喜闻乐见的。如绘本《一根羽毛也不能动》,为了成为"冠军",鸭子和天鹅坚持不懈,故事让人深思。我们组织幼儿玩日常生活中常玩的木头人游戏,使幼儿在游戏中思考,在阅读中交流碰撞,幼儿很快捕捉到绘本故事的核心主题。

2. 游戏增强体验,形象感受主题

提供适合的材料,创设宽松的环境,顺应幼儿天性,灵活有针对性地创设游戏情境进行体验,可以激发幼儿的阅读兴趣,形象感受作

品主题思想，帮助幼儿领悟绘本教学中靠说教无法言明的作品主题精髓。如在绘本《小黄与小蓝》的学习中，我们设计了"好朋友拥抱"游戏，出示黄色和蓝色的水粉颜料，让幼儿根据绘本内容进行"颜料朋友拥抱会发生什么"的实验，当颜色有变化时，幼儿们像在看"魔术"一样，惊喜连连。在形象鲜明、具体生动的操作和游戏中学习知识，在游戏的过程中感知两种颜色的变化，激起了幼儿强烈的学习兴趣和探索的欲望。

四、巧妙借助游戏，玩转"核心情节"

每一本绘本读物中都包含着多种教育元素，丰富的色彩、栩栩如生的形象，以及生动的故事情节，都让小朋友感觉身临其境。不管哪个故事，都有一个核心情节，我们带着幼儿一起阅读，逐渐进入绘本故事情境，在亦真亦幻的情境中进行游戏操作，对幼儿来说，既能领悟主题，又能享受体验的快乐。

如绘本《方格子老虎》，主要讲述刚出生的小老虎，为了喜欢竖条纹的爸爸和喜欢横条纹的妈妈，给自己画上方格子，从此变成了一只深受大家喜欢的、与众不同的方格子老虎。我们巧妙利用"深受大家喜欢的方格子"这一核心情节，师幼一起玩游戏"三路通"，幼儿个个跃跃欲试，积极参与，玩得不亦乐乎。游戏中幼儿真切感受到方格子的有趣。在游戏中渗透绘本元素，幼儿很快就掌握了绘本故事的核心内容。

五、创新游戏的教学方法

绘本教学游戏化，不仅使幼儿提高了学习的积极性，也丰富了幼儿的愉悦体验，使幼儿想学、乐学。在践行课程游戏化教学理念的同时，教师也要注意创新教学的方法，使用不同的教学方法吸引幼儿更加积极主动地学习与探索，去发现、去发展，快乐成长。

1. 运用现代化的教学手段，调动幼儿的各种感官

幼儿的思维具有具体形象的特点，而多媒体教育图文并茂、形象生动，使幼儿如身临其境、感同身受，可以激发幼儿兴趣，拓宽信息渠道。教师在活动时，给文字配上形象生动的小图片，引导幼儿观察图片，充分调动幼儿的视觉、听觉和感觉，能够对幼儿的游戏活动起到辅助作用。

2. 适时地观察指导，促进幼儿的有效学习

在绘本教学过程中，教师一般会通过随机观察和有目的地观察来了解幼儿的学习、游戏情况。随机观察是为了更好地了解幼儿的行为、动机、困难、需要等，以便满足幼儿的游戏需要，有效推进活动的进程。当幼儿游戏过程中出现问题时，教师要适时介入指导，或对游戏做出相应的调整，以促进幼儿的有效学习。

把绘本课程教学与游戏进行有效对接，可以调动幼儿多种感官。在阅读中适当地"玩"起来、"动"起来，给予幼儿的不仅仅是绘本所带来的寓意和理解，更是多种教育元素的巧妙相融和整合，体现了游戏对文学作品多方价值的挖掘。

浙江省绍兴市柯桥区兰亭中心幼儿园　冯梅芳

巧用绘本培养幼儿自主阅读

大班幼儿面临着幼小衔接，拥有良好的阅读品质能够帮助幼儿主动和深入地从书籍中获取自己需要的养分。大班是发展前阅读能力的关键时期，发展幼儿前阅读能力的主要途径有集体阅读活动和幼儿自发的自主阅读，后者发生的频率更高。幼儿在自主阅读中会出现记不住情节要素、没有阅读策略、缺乏想象和评判等问题。为此，我们设计一系列策略，引导幼儿开展主动而深入的阅读，从而更好地发展幼儿良好的阅读品质。

我们在关注幼儿阅读品质的同时，也要给予幼儿一定的支持。针对大班幼儿语言核心经验发展的目标，我们通过多形式的策略为幼儿在阅读的过程中提供支持，帮助幼儿抓住情节发展情况、掌握一定的阅读技巧，以及发展阅读想象能力，让幼儿在阅读的过程中有成长和收获，为后续的阅读打下良好的基础。

一、冲破理解阻碍

1. 开端领读

前阅读核心经验，是培养幼儿良好阅读习惯和行为的养成。教师在带领幼儿阅读时，可以引导幼儿看看封面上的图画，猜测一下书本的内容，找找书本的环衬、扉页在哪里，上面都分别呈现着什么样的内容。以绘本《我是最厉害的大野狼》为例，故事的开端背景是在一片森林里，有一只大野狼。可以引导幼儿说一说故事发生的地点、人物，通过表情动作来判断这是一只怎样的大野狼，帮助幼儿抓住这些开端的主要信息。

2.经过细读

故事的角色出场顺序一般都是围绕着情节而展开的，若是幼儿能够理清故事中角色的出场顺序，可以帮助幼儿理解整个故事情节的先后顺序。以绘本《没鼻伙计》为例，我们制作角色的导读卡，将绘本中出现的角色打印出来，请幼儿用数字标注一下角色的先后出场顺序，既好玩又能帮助幼儿梳理故事的先后顺序。

情节线索曲折的绘本，若是幼儿能够将整本书的情节进行简单的概括——先发生了什么，又发生了什么，那么大致上也理解了故事内容的发展顺序。以绘本《眼泪的海洋》为例，教师可以打印几张绘本故事节点的画面内容，放在书本的后面，看完书本之后让幼儿给图片排排顺序，以此为依据了解幼儿对情节顺序的掌握情况。这种方法要求幼儿细读绘本的内容，做到心中有数。

3.结局品读

不同的绘本故事会有不同的结局：有的故事结局是喜悦的，有的故事结局是悲伤的；有的故事结局是一目了然的，有的故事结局是隐藏的。相对于故事的结局，有时精彩的高潮部分更吸引幼儿的注意。但是故事的结局揭示着最终走向，也是绘本的关键信息。对结局的思考可以形成对绘本从单个画面到整体情节的理解，最终完成对阅读内容的完整理解。可以在绘本的最后放置一张评分表，请幼儿对该故事结局的满意度进行评分，并且说一说原因，培养幼儿的语言表达能力，同时品读结局的蕴意。

二、解锁阅读技能

幼儿在前阅读的过程中需要获得有关"阅读内容的理解和阅读策略形成"的经验。《指南》要求5—6岁幼儿"能说出所阅读的幼儿文学作品的主要内容"，反映的正是对幼儿"阅读理解"的期望。一是对阅读内容的理解，主要包括对主角形象的感知、对主角行动和主角状态的理解、对绘本从单个画面到整本绘本情节的理解；二是形成初步的阅读策略，指通过预期、假设、比较、验证等方式进一步理解绘本内容。

1. 快速泛读

快速浏览式阅读，也就是粗略地阅读。这是在较短的时间内开展的阅读活动，是较为常见的阅读方式，具体表现为快速的翻书行为。但是快速的阅读行为，并不意味着只是翻翻书而已。快速阅读虽然不能详尽地了解每一个细节，但是可以获取部分信息，如故事中的主要角色有哪些，大致发生了什么事情。

2. 内容精读

当幼儿看到精彩的部分时，适当地融入一些对接下来情节的预期、假设、比较、验证等，会让阅读更精彩。幼儿的观察能力存在个体差异，幼儿在观察的过程中感兴趣的点也是不同的，会产生不同的理解和判断。一些绘本的设计非常巧妙、别具匠心，既能突出主题，又让人忍俊不禁。教师要让幼儿学会发现绘本中精彩的部分，学习更加细致地观察和感受作品。

精读绘本时，可以通过画画阅读笔记的形式来了解幼儿对于绘本的理解情况。因为阅读笔记一般都是幼儿在理解了故事内容后才能进行的，也可以请幼儿介绍一下自己的阅读笔记以进一步加深对内容的理解。

3. 难点前置

难点前置就是将绘本中的关键节点或难以理解的画面，通过打印的形式放在书本最前面，让幼儿通过阅读去找寻答案，从而理解关键节点和难点的内容。以绘本《国王生病了》为例，其中最精彩的部分是医生给国王设计了一周健康计划，国王也都按计划去执行了，但是依旧没有好转。在制作导读卡的时候，我们将国王锻炼未好的图片前置，让幼儿去绘本中找寻答案，既让阅读变得更加有趣，又能有助于幼儿的深度理解。

三、启迪阅读想象

在欣赏绘本故事的过程中，文学想象贯穿始终，是幼儿理解文学作品内容、感受文学作品意境的重要工具。绘本故事是以想象为基础的作品，想象是文学作品的基础和灵魂。在理解故事时，会在心中塑造出作品所描述的人物形象，在大脑中生动再现有趣的故事情节，或者延伸创造作品，这些都需要投入丰富的想象力。

1. 共情式再造

在欣赏绘本作品时，对于幼儿来说，如果只理解每一幅画面所传达的意思，并不能算完全理解了文学作品。只有在理解的基础上，感受和把握绘本故事中所传递的思想感情和意境，才算真正懂得了作者要通过绘本表达的内容。这样，幼儿能够将自己对画面的感受代入到想象当中，以第一人称的视角去感受故事的变化，产生情感的共鸣，随着主角的经历而产生开心、愤怒、忧伤等不同情绪体验。

2. 改变式创造

创造想象绘本故事的内容，要基于对作品的理解，例如理解主角的性格特征，感知故事的节奏和规律。在理解了绘本故事的内容、结构和主题的基础上进行想象，从而创造出一个新的结构片段、情节或结尾，这需要幼儿融入自己的思考和创造。以绘本《逃家小兔》为例，幼儿长大了总有成长的烦恼，小兔子总想脱离妈妈的管理，于是它把自己变成了不同的东西来挣脱妈妈的束缚，而妈妈也总能找到方法来应对小兔子的变化。对话一来一去充满了想象，看到最后仍觉意犹未尽。我们引导幼儿想象：小兔子还会变成什么？兔妈妈又会变成什么来约束它？以此来不断激发幼儿的想象力、创造力。

3. 启发式酿造

故事中的各个角色总是深深地吸引着幼儿的注意力，他可能是个英雄，也可能是个很普通的小朋友，还可能是与日常生活中性格迥然的角色。我们启发幼儿思考，鼓励幼儿融入自己的社会经验进行评判、创编，创造出与众不同的故事。

浙江省海宁市实验幼儿园教育集团康桥幼儿园　占建凤

从阅读区视角，打开游戏阅读新方式

区域是幼儿园环境的重要组成部分，阅读区更是必不可少的一个区域。利用好阅读区，既可激发幼儿的阅读兴趣，又可有效地发展幼儿的阅读能力，达到事半功倍的效果。但随着多样区域活动的开展，幼儿更喜欢形形色色的玩具，对阅读区兴致不高。因此，教师要努力创设幼儿感兴趣的阅读区，让幼儿在游戏中快乐地阅读，发挥阅读区的教育价值。

在阅读过程中，幼儿会认识真善美、假恶丑，受到思想、意志、性格、理想和兴趣等各方面的影响。游戏是幼儿的天性，对于幼儿来说，游戏不仅仅是"玩儿"，更重要的是学习、成长的方式和途径。随着"课程游戏化"项目的建设，如何更加有效地将游戏与阅读相结合，让幼儿在游戏化阅读中真正地发挥自由、自主、创造、愉悦的精神，真正感受到阅读带来的快乐，成为我们关注的重点。

我们把区域游戏作为课题研究的主阵地，找准切入点，进行了"区域活动中幼儿游戏阅读的实践研究"，根据幼儿的年龄特点和兴趣爱好，将合适的活动初步筛选出来。我们从活动材料和活动形式两方面，挖掘满足幼儿兴趣和需要的阅读元素，融入区域活动，开辟多种多样的区域游戏，让幼儿在游戏中浸润阅读。在阅读区中，我们考虑到游戏的层次性和多样性，满足不同能力幼儿的需要，以说、唱、演、摆、听等多种游戏形式，充分调动幼儿的各感官参与，让幼儿在游戏中阅读、在阅读中游戏，激发幼儿的阅读兴趣，发展幼儿的阅读能力。

一、捕捉兴趣，寓阅读于情绪表达

幼儿喜爱阅读，是一件好事，但幼儿通过阅读得到了什么，应该是我们所关心的。阅读内容如果符合幼儿的兴趣，就能激发幼儿讨论、交流的欲望。幼儿在表达自己阅读心得或感想的过程中，一方面可以深入理解阅读内容本身，另一方面口语表达能力和思维的灵活性都得到了一定程度的发展。因此，教师在预设一些游戏的玩法时，要注意观察和捕捉幼儿的兴趣，加以分析和支持，生成幼儿感兴趣的游戏化阅读方式。

当幼儿读完一个故事，或者和同伴讨论交流一个话题时，教师应当给予适当的引导、鼓励和支持，为幼儿营造一个宽松的交流环境，帮助幼儿大胆地表达自己的意见和感想。比如，有一次在与幼儿的谈话中，教师感受到幼儿们喜欢旅游，捕捉到了他们对旅行的向往之情。为了满足他们的这种情感需求，我们创设了语言游戏"旅行见闻"，幼儿带来了自己以前旅游的照片和视频，轮流扮演"小导游"，给同伴介绍自己去过的地方、吃过的美食、看过的美景……幼儿还把收集到的照片做成"旅行日记"，组织同伴们玩投票游戏，看看谁的旅游经历最吸引人。又如，摆图讲述游戏"动物的房子"，幼儿在帮小动物找家的过程中，围绕鳄鱼等水陆两栖动物到底住在哪里，展开了激烈的讨论，不仅拓展了游戏思路，还发展了幼儿的思维判断、推理以及分析能力。幼儿在游戏过程中，阅读经验与同伴之间会产生进一步的思维碰撞，进而再生成新的玩法，整个游戏跟随幼儿的兴趣点不断推进，而幼儿用说、摆、讲等多样化的方式表达着他们对于阅读内容的情绪线索，更表达出幼儿的"悦"读心声。

二、链接生活，寓阅读于情景表演

在幼儿的一日活动中，我们往往会发现，幼儿对于自己生活中有过的经历总是能侃侃而谈。在阅读过程中，幼儿必然也会将自己已有的生活经验与阅读内容相联系，那我们就从幼儿的生活中来选取阅读区的游戏内容，创设出生动、逼真的游戏情景，让幼儿在宽松、愉悦的阅读氛围中，激起表达和表演的欲望。如我们创设的表演游戏"百变秀"，让幼儿来模仿、演绎自己喜爱的动画角色，幼儿都能勇于上台表演，穿一穿动画角色的服装，演一演动画角色的动作，说一说动画角色的语言。又如，幼儿在阅读了传统绘本《大阿福》后，想起了惠山泥人。于是，我们创设了情景体验游戏"泥人博物馆"。在这里，幼儿可以介绍自己捏泥人的经验，扮演商贩吆喝着卖泥人，或者看着图画步骤图来亲手做一个泥人……

事实证明，贴近幼儿生活的游戏，能充分调动幼儿参与的积极性和主动性，幼儿想说、敢说、有话说，这就是游戏阅读的魅力。

三、拓展延伸，寓阅读于情感表征

陈鹤琴先生曾经说过："凡是儿童自己能想的，应当让他自己想；凡是儿童自己能做的，应当让他自己做。"在阅读区游戏时，教师应隐退到幼儿后面，把游戏的主动权交给幼儿，给幼儿更多的实践阅读机会，让幼儿充分发挥自己的主动性和创造性。

在阅读区游戏时，幼儿总有很多奇思妙想。虽然他们甚少会写文字，但是他们能按照自己的想象、体验和意愿，用自己的方式来记录——绘画、符号、数字、标记……都是他们游戏阅读的记录，把这些痕迹保留下来，编辑成故事的后传，或是制作出一张故事的思维导图，是幼儿对游戏阅读最好的诠释，也是下次游戏阅读的美好开始。例如创编游戏"秋天的画报"，幼儿根据以往的经验仿编诗歌，用绘画、美工等方式把自己创编的内容表征出来，并做成小书，和同伴一起交流、朗读，有时还积极商量封面如何设计，我们看到了他们思维碰撞的火花，听到了他们语言交织的精妙。这样的游戏既满足了幼儿创作的欲望，又将幼儿心中所想、口中所说用自己的方法表征出来，以小书的形式保存下来。将作品放在阅读区展示，可以让更多的幼儿也来阅读、欣赏、共享，幼儿因此话题更多、更广，使阅读在游戏中得到延伸。又如，幼儿在阅读了绘本《银杏树》后，被银杏树金黄金黄的扇形树叶吸引住了，于是我们支持、鼓励幼儿进行关于银杏树的活动，有些幼儿将自己捡来的银杏叶装饰美化了一番，夹在绘本里当书签；有些幼儿在阅读记录单上画出了自己对银杏树的喜爱；有些幼儿则和同伴一起去寻找幼儿园里的银杏树，还用数字、位置标记等表征记录下来带回班级分享……这些由阅读生成的延伸活动，是幼儿玩过的痕迹，也是拓展阅读的途径，提高了幼儿的想象力、创造力、表征能力、表达能力等多种能力。

　　教师要从幼儿的兴趣出发，选择贴近幼儿实际生活的阅读内容，让幼儿在游戏中理解阅读内容，尊重幼儿自己生成的阅读游戏，让幼儿深入感受阅读产生的情感；用开放多元的活动材料和灵活多样的活动形式为阅读服务，为幼儿创设具有开放性和发展性、自由宽松的阅读区环境，真正满足"以幼儿为本"游戏性阅读，让阅读成为一种习惯，让幼儿潜移默化地爱上阅读游戏，喜欢在游戏中阅读。

江苏省无锡市杨市中心幼儿园　章琳燕

汉字启蒙教育促前阅读与前书写能力的发展

《纲要》指出:"利用图书、绘画和其他多种方式,引发儿童对书籍、阅读和书写的兴趣,培养前阅读和前书写技能。"幼儿园在幼小衔接的教育阶段,需注重幼儿汉字启蒙教育,通过汉字启蒙教育有效促进幼儿的前阅读及前书写能力的发展,为幼儿进入小学做好准备工作。

幼儿园教育强调以游戏为中心,强调以具体形象的直观体验为主。教师可以引导幼儿了解汉字的来源、发展和演变,知道文字与人们生活的关系,感受文字符号在日常生活中的功能和意义,了解书写工具及使用方法等,从幼儿的年龄特点和心理特点出发,注重幼儿的动手操作和体验,在各个方面使幼儿感受汉字、了解汉字。

一、注重游戏化,寓教于乐

爱游戏是幼儿的天性,在游戏中学习,幼儿既能心情愉悦,又能快速掌握相关技能。将游戏融入汉字启蒙教育活动之中,不仅能快速调动幼儿的学习积极性,也能激发幼儿的学习参与性。如在大班"有趣的汉字"这一主题教育活动中,如果只是让幼儿拿着手中的汉字卡片进行简单的识读,或是对着多媒体进行机械跟读,幼儿们往往兴致缺乏,活动的参与性不高。针对这一现象,我们创设了超市情境,让幼儿帮助"超市老板"进行分类,而且投入了日常实物,幼儿们一下就置身于超市的情境中,按照货架上的汉字标签,将不同种类的物体进行分类，并且学会与同伴合作。在整个活动中，幼儿不仅情绪高昂，还能很快完成任务，在"玩"汉字中了解汉字的结构，充分体现了幼儿学习的主动性。又如，在"汉字的结构"活动中，我们借用互动游戏，让幼儿之间进行比赛，看谁能帮汉字找到相似的朋友，在游戏中幼儿可以自然而然地掌握一些常见的偏旁部首。

二、加强操作体验，知识内化

幼儿的思维是基于具体形象性的，对于抽象的汉字逻辑关系，他们需要借助已有的事物经验。《指南》中指出："让幼儿在写写画画的过程中体验文字符号的功能，培养书写兴趣。"汉字启蒙教育活动作为发展幼儿前阅读和前书写能力的重要途径，我们注重让幼儿在操作体验中感知汉字的魅力，从而激发幼儿对汉字的兴趣，有效促进幼儿在幼小衔接阶段前阅读与前书写能力的发展。

在活动中，应该为幼儿提供具有挑战性、探索性和可操作性的材料，让幼儿能够在操作中感知和体验，将对事物的探索由直接感知转为表象，进行汉字符号的内化，发展幼儿的前阅读能力和前书写能力。如在"汉字的演变"活动中，我们提供比较具有鲜明演变特征的汉字图片，将它们放入同一平台进行比较，幼儿经过小组讨论，很容易将象形字这样抽象的概念内化成自己的理解，在操作的过程中明白常见的汉字是如何演变的。

三、贴近幼儿生活，升华经验

我们生活在一个信息科技时代，用心观察，会发现处处都有汉字，文字无处不在。教师应选取贴近幼儿生活的事物，引发幼儿对汉字的关注，帮助幼儿了解汉字在生活中的重要性。如去超市购物，支付过后，收银员通常会打印出消费明细，而消费明细上的汉字记录就是很好的汉字启蒙教育，能够引发幼儿对生活中的汉字的关注。又如幼儿园阅读区里的书籍报刊，封面上有汉字，文中有汉字，图上有汉字，这些都可以使幼儿明白汉字是辅助阅读的关键。所以，教师需要在日常生活中积极发现汉字符号，引导幼儿关注汉字符号，发展幼儿的前阅读和前书写能力。

四、情境感知，启发教学

情境创设有利于提高幼儿在活动中的参与性，有利于幼儿在轻松的环境中主动学习，从而提高学习的有效性。如在"给好朋友写信"活动中，我们创设了给自己的好朋友写信的情境，幼儿可以根据自己的意愿给好朋友写一封信。信的内容可以是文字符号，也可以是绘画图片；可以是自己的兴趣爱好，也可以是自己最近发生的事，或是其他愿意和好朋友分享的事情。在活动中，通过亲身体验，幼儿自然感知到文字符号是沟通的重要桥梁，是传递信息的重要工具。

五、随机教学，获取经验

幼儿园一日生活皆课程，教师要做一个有心人，引导幼儿在幼儿园的一日生活中发现身边各种各样的文字符号。如早上入园时的签到活动、园内无处不在的安全警示牌、区域活动中各种各样的记录表……教师要善于抓住随机教育的契机，引导幼儿发现生活中的汉字符号，激发幼儿对汉字文化的探究兴趣，让幼儿感受到文字的重要性及有趣性，促进幼儿前阅读及前书写能力的发展。

在幼小衔接阶段，我们要启蒙幼儿了解汉字和日常生活之间的联系，让幼儿感受汉字的神奇和美妙，激发幼儿对于阅读和书写的兴趣和好奇，帮助幼儿掌握一些阅读与书写的技能。汉字启蒙教育有利于幼儿前阅读与前书写能力的发展，可以为幼儿进入小学做好准备工作。

福建省三明市将乐县水南中心幼儿园　赖晓佳

多途径提升幼儿前书写能力

《指南》和《纲要》等相关教育文件都对幼儿前书写能力作了明确要求，在幼儿园期间开展前书写活动，激发幼儿的书写兴趣，不但可以丰富幼儿的前书写经验与习惯，还可以提升幼儿在前书写方面的能力。一方面可以为他们进入小学学习生活打下良好的基础，另一方面还可以促进他们的语言能力和其他课程领域的学习发展，这对他们未来的认知、情感、人际交往以及精细动作的发展都会产生潜移默化的影响。一些幼儿园的前书写活动时常采用单一、刻板的训练模式，存在小学化的倾向，这不仅不利于幼儿的身心健康，还容易适得其反。在课程游戏化背景下，我们根据大班幼儿的身心发展特点，尝试将幼儿前书写技能的培养与游戏活动结合起来，萌发他们的前书写兴趣，培养他们的书写习惯，从而丰富他们的前书写经验，为幼小衔接做好铺垫。

一、创设前书写环境，激发幼儿的书写兴趣

1.环境中渗透文字符号

环境具有隐性的教育作用。幼儿生活在班级里，他们不断地与环境产生着互动和交流，在感知理解汉字结构的核心经验建构中，利用好环境的作用是我们的策略之一。在活动室内，可以从常规环境、游戏环境和学习环境中入手，渗透不同的文字符号，引发幼儿对标记、文字、符号的兴趣和敏锐性。如幼儿一日生活、主题墙或其他环境创

设中，都能用图、文的形式展示出来。另外，整理标记也可以用不同的汉字来表示，如"口—日—月—目"，是由简单笔画向复杂笔画过渡的汉字，可以用在同一个整理柜上，让幼儿感知汉字的结构和其中的区别。

2.投放丰富的书写材料

《指南》指出，教师应准备供幼儿随时取放的纸、笔等材料，也可以利用沙地、树枝等自然材料，满足幼儿自由涂画的需要。在班级区域中，我们给幼儿提供了形式多样的前书写工具和材料，在游戏中较大程度地满足了幼儿进行前书写活动的需求。例如，在美工区域里，我们为幼儿提供沙子、树枝、干果等自然材料，以及纸张、彩笔、橡皮等书写用具，来帮助幼儿在游戏中进行前书写活动。在建构区和科学区，我们为幼儿准备了易取放的笔、纸张和工具书等，以便幼儿查找信息，及时记录游戏中的所思所做。

二、游戏与前书写活动结合，有效提升前书写能力

游戏是幼儿最基本的活动方式，也是他们学习和发展的基本需要。幼儿对游戏充满了兴趣，在游戏中幼儿能够无拘无束地玩耍，产生许多新颖的想法和独特的行为。

1.坚持课程游戏化理念，为前书写打下良好基础

在当前课程游戏化改革的背景下，可以把幼儿的游戏活动与前书写活动整合起来，以达到在各类游戏活动中锻炼幼儿前书写能力的目的。教师应敏锐地关注幼儿的需要，及时提供支持，将幼儿游戏中迸发的创意书写灵感落于纸上。例如：体育游戏中得分的记录；小医院游戏中，医生写的病例、处方；表演游戏中，海报的制作等。这些游戏活动营造了愉快的前书写活动氛围，隐藏了许多前书写需要，在潜移默化中丰富了幼儿的前书写经验，为他们前书写能力的形成做好了基础铺垫。

2.借助模仿性游戏促使幼儿做好心理准备

学前阶段的幼儿喜爱模仿，尤其是喜爱模仿成年人。有些小朋友在游戏活动中会学着教师点名的样子拿着点名册进行点名，然后假装在册子上勾一勾、写一写、记一记。为了培养幼儿的前书写经验和能力，帮助他们了解和熟悉文字符号，我们通过模仿性游戏来促进幼儿做好幼小衔接读写的心理准备。如我们为幼儿准备了各式各样的笔记本，引导幼儿模仿老师的一系列记录行为，从而激发幼儿前书写的兴趣。通过模仿性游戏的形式来激发幼儿对文字和符号的关注度，会消除幼儿对文字的陌生感，逐渐为他们进入小学的读写互动打下良好的心理基础。

三、通过绘画活动，积累丰富的前书写经验

幼儿最喜欢绘画活动，我们通过涂涂画画、走迷宫等游戏形式，让幼儿在潜移默化中了解前书写工具，体验书写的愉悦感，丰富他们的前书写经验和技能。前书写活动的目的不在于让幼儿会写多少字、写得好不好，而是通过游戏的形式，在绘画书写中激发他们书写的乐趣，丰富幼儿的前书写经验、认识最基本的且常见的书写工具，培养他们对文字符号的审美感受。如在"有趣的叶脉"为主题的添画活动中，我们引导幼儿画出绿叶的脉络——汉字中的撇和捺，这对培养他们的前书写经验发挥着重要的作用。绘画习惯的养成可以影响幼儿的书写习惯，我们通过有针对性的、具体的指导策略来培养幼儿的绘画习惯，从而培养书写习惯。

培养幼儿阶段的前书写习惯有一定反复性，我们凭借游戏的形式进行强化和引导，还通过书画作品的展示和评价来激发幼儿书写的自信，促使幼儿更积极、更主动地参与前书写活动。

江苏省盐城市大丰区实验幼儿园 许文艳

开展丰富的活动，促幼儿语言发展

语言是交流和思维的工具，幼儿期是语言发展——特别是口语发展的关键期。作为教师，要利用多种形式，促进幼儿之间的语言交流，发展幼儿的语言表述能力。《指南》中明确指出，幼儿的语言能力是在交流和运用的过程中发展起来。在学习《指南》有关幼儿语言与学习发展的同时，我们也在认真思考、实践，按照幼儿语言发展规律，创设了丰富的语言环境，充分利用各种资源，多途径有效地促进幼儿的语言交流。

一、在精彩的晨谈活动中促进幼儿语言发展

晨间谈话是幼儿一日活动的内容之一，也是幼儿与同伴、老师之间进行语言交流的有效途径。我们每天开展"三分钟快乐晨谈"活动，让幼儿快乐地与同伴大胆交流，并在交流中积累经验。晨谈内容不仅有幼儿入园、离园路上所见，还有旅游所见，我们发动家长多带幼儿游戏、走进大自然，引导幼儿多发现、多交流，扩大幼儿眼界，这样可以使幼儿在晨间谈话时更加有话可说。幼儿在充分表达自己的过程中，可以促进语言能力的发展。而这样的交流，也让幼儿们感受到了无限快乐。

二、在丰富的区域活动中促进幼儿语言发展

语言能力是在运用过程中发展起来的，我们应重视和支持语言性

环境的创设，让不同的区域成为支持、鼓励幼儿语言表达的源泉，让区域成为发展幼儿语言、促进语言交往的途径。为丰富幼儿的语言成长环境，我们在不同区域准备了不同的主题，例如：

1.在图书区，我们和幼儿共同制作了小图书，让幼儿们互相欣赏，并分享彼此的故事。幼儿们有声有色地讲述，不仅提升了语言表述能力，还提高了同伴间的人际交往能力。

2.在操作区，我们与幼儿共同搜集材料，如适合幼儿操作的各种废旧的半成品，幼儿们通过操作，不但锻炼了动手能力，而且制作出自己心仪的物品。作品完成后，我们会组织幼儿进行讲评，天马行空的想象力促使他们有说不完的话，自然而然就提高了语言表达能力。

3.在建构区，幼儿之间合作搭建，讲述建构过程中的合作互助，不仅能促进同伴间的友好关系，其分享的过程也是促进同伴语言交往的过程，成为提高幼儿语言发展的有效途径。

三、在好玩的音乐欣赏活动中促进幼儿语言发展

欣赏活动既能陶冶幼儿情操，又能促进幼儿有效的语言交往。如在音乐欣赏活动中，我们先让幼儿听歌曲《狮王进行曲》，让幼儿仔细分辨几段不同的音乐，想象并交流音乐表现的内容。幼儿们随着音乐的起伏变化，分辨出了狮王、母狮、小狮子的出现，并开心地表达着狮王、母狮和小狮子不同的神态。这样的欣赏活动，既是幼儿感受音乐变化的活动，又是幼儿语言交流的活动。

四、在渗透语言教育的主题活动中促进幼儿语言发展

幼儿的语言学习需要相应的社会经验，需要通过多种形式对幼儿进行引导，教师要善于运用各种形式展开教学，使教学有效、好用。我们也很注重主题教育活动的开展，精心策划主题，设计提高幼儿语言能力的方案，使语言教育有机渗透。如在大班参观小学活动中，让幼儿与小学的大哥哥、大姐姐、小学教师之间进行语言交往，增强幼

儿上小学的愿望；又如节日活动，冬至时天气寒冷，我们组织开展了"给小树穿冬衣"的活动，幼儿们相互合作完成了给小树穿冬衣的任务，还由幼儿自主创编出了好听的故事，如《小树不冷了》《北风你别吹》等，有效促进了幼儿之间的交往及语言表达能力的提升。

五、在有趣的三分钟离园活动中促进幼儿语言发展

幼儿要交流，必须有一定的交流经验，而讲故事是提升语言交流技巧、积累交往经验的有效方法。每天离园前的三分钟，我们会让幼儿创编故事，进行故事交流。一个幼儿讲述，其他幼儿与之互动，包括给故事命名、随时回答讲述者的问题、进行相关故事表演等。在三分钟讲述故事的活动中，幼儿充分发挥想象力，尽情讲述，甚至还有幼儿通过绘画的方式记录故事内容，在这个过程中幼儿的多项能力都得到了发展。

六、在形式多样的家园互动活动中促进幼儿语言发展

现代化网络平台，为幼儿语言发展提供了有力的保障。在对幼儿进行语言教育的过程中，我们创建了班级群，鼓励家长积极参与到活动中，让家长更好地了解我们的教育形式，更多地支持我们的工作。我们借助网络平台发布了很多亲子活动、家长进课堂、家长经验交流会等活动的内容，希望以此为契机引发更大范围的互动。这期间，教师、家长、幼儿形成有效的互动，大家尽情表达，不仅提高了活动的质量，还积累了幼儿的语言经验。在这样的氛围下，我们引导家长在家为幼儿开辟语言角，不少家长上传了幼儿在家阅读、表演故事、创编故事的精彩资源，既促进了家园合力，又丰富了教学资源；既促进了亲子关系，又提高了幼儿与同伴间的分享意识；既提高了幼儿语言表达能力，又培养了幼儿阅读习惯。

河北省高碑店市第二幼儿园 赵素杰

基于文学作品促进幼儿语言领域学习

　　文学语言是儿童在早期语言的发展过程中必不可少的一种语言经验，它的书面语言特质和高质量的语言价值，对于儿童语言发展有着非常重要的意义。优秀的文学作品可以丰富幼儿的语言，不断提高其思维能力和表达能力，在充分感知和体验文学作品内容的基础上，提高幼儿的审美能力，帮助幼儿养成正确的习惯和品德。

　　幼儿文学活动作为促进幼儿文学语言发展的教学活动，其教学质量直接影响着幼儿文学语言核心经验的获得，而作为文学作品的传递者，教师对于文学经验的掌控和把握也会直接影响幼儿对文学语言的感知和发展。关注和了解幼儿语言学习与发展核心经验，是提升专业发展水平和有效提高教学质量的核心内容。只有知道了幼儿最应该获得的语言经验，教师才能在活动开展过程中进行高效的引导，促进幼儿语言能力的发展。

　　幼儿的深度学习建立在幼儿与周围环境互动的过程中，幼儿通过自己特有的学习方式，积极主动地学习新的知识和经验，探索周围的社会环境、自然环境和物质世界，并将这些知识和经验纳入原有的认知结构和迁移到新的情境中，以发展其高阶思维和解决问题能力。

　　在平时教学、生活中，大班幼儿在讲述故事、创编故事、表述事件时会适时地运用文学语言中的修辞手法，让自己的语言更富有感染力，深受同伴的欢迎。然而，大班幼儿对夸张手法的运用经验不足，在口语表达中运用夸张修辞手法的能力略微薄弱。基于儿童立场，我们借助文学作品，从核心经验的视角出发，挖掘其能促进幼儿语言领域学习与发展中的核心经验点，通过一系列策略，促进幼儿深度学习。

一、提供支架，扩充幼儿认知经验

幼儿的感知经验非常重要，教师需要分析幼儿当下的生活经验及最近发展区，围绕"夸张"这个元素紧扣重点来设计活动。

想要让"夸张手法"在幼儿的世界中进行建构，画面及片段选择是非常重要的，尤其是与"夸张"元素的相关性，这就需要研磨鹰架支持。所谓鹰架，是指为幼儿建构对知识的理解起辅助作用的概念框架，通过其支撑作用，可以让幼儿的认知发展不断从实际水平提升到潜在水平。如在观察"夸张"元素环节中，我们先让幼儿观察文学作品的图片，再让幼儿观看动态视频，接着让幼儿运用夸张的语言进行表达，顺应了幼儿从简单到复杂、从单一图片到多画面和多种感官的刺激的学习规律，促进幼儿感知理解、欣赏表达等能力的发展。

二、捕捉追问时机，激活幼儿思维

除了环节设计、鹰架支持，还要有效地提问。适宜地设问与追问，能够帮助幼儿在作品中提炼、建构夸张的词汇经验。以递进式追问为例，这是逐层深入的提问方式，教师在提一个较难问题之前，要先提一系列简单的问题作为铺垫，层层递进。比如，在感受作品中形象的夸张表情时，教师可以提问："你们看到了什么夸张的地方？"在幼儿回答"眼睛里有爱心、眼睛瞪得大、嘴巴张得大"后，教师又追问："谁能说说眼睛瞪得比什么还大？"通过递进式的追问，把现实生活中的问题与教学内容进行对比，激活幼儿感受夸张的语言与真实生活的差异，从而更加理解夸张手法的特点。又如因果式追问，类似于"为什么有这样的表情呢？""气球为什么会飞那么高？"等，通过一系列因果式的追问，助推幼儿梳理事物间的内在联系，在探索新知的过程中找到方向，构建相对完整的知识体系，拓展语言思维能力。

三、巧设互动情境，激励幼儿乐学

本着基于核心经验，倡导创新精神的理念，我们巧设互动情境，激励幼儿乐学。如在"猫与老鼠"活动中，我们设计了两次以动作符号为载体的师幼互动，让幼儿通过动作符号的支持来感受、分辨语言的夸张。幼儿在整个互动中参与度很高，更好地理解了夸张手法的有趣。我们还设计了"小小故事大王"的情境，让幼儿使用夸张手法讲述生活中的故事或者创编故事，幼儿在天马行空的故事中自由讲述，发散思维，加深了对夸张手法的理解，提升了对夸张手法的运用能力。

四、及时梳理经验，提升自身专业能力

教师要善于发现幼儿的兴趣，要在生活中提炼幼儿的经验，在实际中搜集与课程有关的材料来帮助幼儿理解。修辞手法的学习不是刻板的教学，它是建立在幼儿对作品感知、理解的基础上的。因此，在教学活动过程中，我们紧密切合大班幼儿对于修辞手法核心经验学习与发展的接受能力，以各种具体情境下的形象感受为主，以文学作品为支撑，让幼儿乐学，进行深入的感知与理解。

教无定法，在活动中不能仅仅是对作品画面本身的理解与解读，更应该是通过口头语言、动作表现、生活运用等进一步引发幼儿的思考。大班幼儿的年龄特点决定了他们不能熟练地运用口头语言来表达夸张的语句，但是可以通过表情、动作、绘画、想象、音乐等多元灵动的符号手段来理解与表达。我们将抽象难懂的修辞手法知识具体化、形象化，建构适宜的支架，引导幼儿深度学习，不仅能够帮助幼儿储备修辞语汇，还能够使其语言表达形式更为艺术。

语言有自身的结构要素和结构规则，我们还启发幼儿从自己积累的语句库里提取，然后进行再次创造。只有将多种感知中积累的经验

运用在实践中，幼儿才能真正做到学以致用。

　　总之，在教学活动中，要促进幼儿深度学习，应落实幼儿学习的主体地位，确立促进幼儿深度学习的教学目标，创设真实问题情境，提供高质量的提问和反馈，促进幼儿高阶思维的发展。

浙江省杭州市东城第四幼儿园　唐娟

幼儿园语言教学中巧用多媒体

《纲要》明确提出要"为幼儿创造一个自由、宽松的语言交往环境，并能用清晰的语言表达自己的思想和感受，发展语言能力"。传统语言教育通常通过几幅图片、几张画的教育方式进行，已经远远适应不了当下幼儿的需要。随着多媒体设备在幼儿园教育活动中的广泛运用，多媒体逐步成为现代幼儿园教学过程中不可或缺的辅助工具。在语言活动中开展多媒体教学，不仅能使教学过程充满童心、童趣，也能活跃幼儿的思维，激发幼儿的表达欲望，对幼儿语言能力的提高有着深刻的影响。

幼儿期是语言能力发展的黄金时期，语言作为一种思维工具和交往工具，始终伴随着幼儿的生活、游戏和认知等过程，语言交流是幼儿获得信息的重要途径。多媒体作为一种新兴的教育工具，具有其他工具无法替代的优越性，它能激发幼儿的求知欲。多媒体技术可以使一些普通条件下无法实现或无法观察到的教育教学过程或现象，以生动而形象的形式显示出来，让幼儿通过自己的感知进行观察，身临其境地探索周围的世界，再现事物的发展过程，从而获得粗浅、具体的科学知识和技能，构建艺术想象的空间，提高幼儿语言运用的创造性，培养幼儿的创新能力。

一、丰富生活经验、扩大交流空间，提高口语表达能力

幼儿是凭借眼、耳等感官获取直接经验来认识世界的，千姿百态

的自然界和丰富的社会生活是幼儿学习语言的有效渠道。多媒体最大的优势在于它能化静为动、化虚为实、化生疏为可感、化抽象为形象，它能将静止的、抽象的内容变成生动形象的音像结合的复合载体，将教师难以用语言解释的词汇、现象生动地表现出来，使幼儿如身临其境，像认识周围事物一样去感受平时感受不到、认识不到的事物，从而扩大幼儿的认知范围。如故事《月亮姑娘的衣裳》，通过让幼儿欣赏月亮在一个月中的真实变化情况，使幼儿很容易理解为什么月亮姑娘总是找不到合适的衣服。

多媒体用于语言教学活动中，为故事、儿歌等配上生动形象的声音和动画，为幼儿营造充满情感、如临其境的气氛，多方位地刺激幼儿的感官。幼儿在特定的情境中，不仅能获得大量生动、形象、具体的表象，而且能受到特定气氛的感染，活跃思维，激发好奇心和求知欲，培养听说能力、语言表达能力。

二、运用多媒体教学创设教学情境，激发幼儿活动兴趣

兴趣是幼儿学习的重要动力，兴趣是幼儿认识世界、感知事物的内部动力，只有幼儿对所认知的事物和现象产生浓厚兴趣，才能激发他们的积极性，促使其主动地探求知识、学习技能。兴趣和动机并不是天生就有的，而是通过外界事物的新颖性、独特性来满足幼儿的探究心理的需要所引起的。

多媒体集文字、图形、动画、视频、声音等多种信息于一身，融视觉、听觉、动觉为一体。多媒体教学手段富有艳丽的色彩、流动的画面、优美动听的音乐、生动形象的配音、逼真的音响效果，它把无声的文字变成有声有色、有动有静的形象化语言，极大地刺激了幼儿的感官，有利于集中幼儿的注意力，激发幼儿深厚的学习兴趣和求知欲，促使幼儿主动参与活动。如散文诗《春雨的色彩》，意境优美，通过一群小鸟富有童趣、生动、活泼的对话，以春雨的色彩为线索贯穿始终。在活动中，我们通过多媒体课件向幼儿展示春天的勃勃生

机，首先请幼儿欣赏多媒体春景画面，通过提问引导幼儿用语言描述春景，重点描述春天植物的色彩，为欣赏、理解散文做铺垫。然后分句引导幼儿边看课件边了解每个小动物说的话，并提问："小动物为什么认为春雨是这种颜色的？"使幼儿理解春雨的颜色其实是各种植物的颜色。最后激发和引导幼儿根据自己的观察发表自己的独特见解："春雨还会落到哪儿呢？会是什么颜色的？"幼儿想象、探究春雨后的植物变化，并学习运用散文中的句子"春雨落到……上，……就变……色的了"，来体会在春雨的滋润下，大地变得生机勃勃。幼儿还仿编出许多优美的语句，如"春雨落到小花上，小花就变蓝色的了"……形象生动的画面为幼儿搭建了通向语言的桥梁，幼儿的学习情绪高涨，参与游戏的积极性很高，在轻松愉快的氛围中，幼儿思维活跃、乐于表现，促进了幼儿的语言学习。

三、营造动态情境，提高语言表达的积极性

幼儿受个性和环境的影响，在语言表达能力上存在着明显的差异。有的性格外向，能说会道；有的沉默少语，胆怯害羞。语言是思维的外壳，幼儿时期的思维以具体形象为主。如果语言活动中教师没有丰富的素材，只有几张静态的图片等简单的教具，就不能很好地发展幼儿的语言。因此，运用多媒体课件营造一个丰富热烈的动态语言环境，成为一个必然的选择。如语言活动"捉迷藏"，目的是教幼儿学说一句完整的话，培养幼儿语言表达能力。我们把教学内容制作成了课件，在课堂上幼儿被这些能走、能跳、能跑、能叫的小动物给吸引住了。一只长着红红鸡冠的大公鸡从房子后面走出来，幼儿根据这个场景说一句完整的话，幼儿的积极性被完全调动了起来，就连平时寡言少语的幼儿也纷纷积极举手发言。

四、渲染欣赏气氛，培养幼儿对语言的感知力

欣赏优美的散文诗及儿歌，是幼儿语言活动中的一个十分重要的

内容。通过对这些语言文字的理解、欣赏、朗诵，能培养幼儿对语言美的感悟及语言表达能力。但由于幼儿身心发展的限制，他们对诗歌和儿歌内在意义的理解有一定的难度，对语感的培养受到了限制。而运用课件，则能以文字、声音、动画三结合的方式，有效地烘托、渲染语言欣赏的氛围，促使幼儿入情、入境。如欣赏散文诗《摇篮》，我们将静态的、平面的画面变为动态、生动形象的情景，同时柔美的钢琴曲轻轻响起，首先展示蓝色的天空背景，让幼儿想一想天空中有什么，然后带领幼儿欣赏"蓝天是摇篮，摇着星宝宝"这句话，接着一朵动态的白云从远处飘过来，星星的眼睛闭上了，从而引出"白云轻轻飘，星宝宝睡着了"……绚丽多彩的画面，突破了时空的限制，帮助幼儿感受和理解了诗歌的内容，在这种诗情画意的教学情境中，幼儿的注意力集中，兴趣浓厚，积极主动把所听、所看、所想分享给同伴。活动中，多媒体课件有声有色，情景交融，幼儿个个投入，充分感受到了散文中所表现的意境，感受到了文学作品中的文字美。

当然，并不是每个教育活动都适合运用多媒体，需要根据实际情况而定。但不可否认，恰当地运用多媒体技术手段，可以多角度、多方位地组织活动，是一种有效的教育方法，促进了教学活动过程中"教"的趣味性，提高了幼儿"学"的积极性，特别是对幼儿注意力、观察力、记忆力、思维力以及想象力的发展起到了很好的助推作用。

幼儿语言能力的培养，需要教师在教学实践中悉心体察，精心施教，更需要教师对教学过程不断创新。在语言教学中巧妙合理地运用多媒体技术，可以增强语言教学活动的趣味性，充分调动幼儿认知的主动性和积极性，开拓幼儿的视野，使幼儿想说、敢说、喜欢说，从而更好地促进幼儿的语言表达能力、思维想象能力的发展。

山东省济南二机床集团有限公司幼儿园　王桂芸

多途径促进幼儿语言能力的发展

语言是人类最重要的交流工具，语言的交流作用是通过代表一定意义的声音来实现的。幼儿期是人一生中掌握语言最为迅速的时期，也是最关键的时期。著名教育家乌申斯基说过："语言是一切智力发展的基础和一切知识的宝库，因为对一切事物的理解都要从它开始，通过它并回复到它那里去。"

幼儿语言发展贯穿于各个领域，也对其他领域的学习和发展起着至关重要的作用。幼儿期是语言行为模仿与形成、反复与校正、重塑与提高的最佳时期，幼儿教师的教学语言对这时期幼儿的成长至关重要。在幼儿语言领域教学活动中，怎样才能更有效地发展幼儿语言领域能力和完成幼儿语言领域目标呢？怎样使自己的语言富于引力，像磁铁一样能牢牢吸引住每个幼儿呢？我们通过实践，总结了以下经验。

一、培养幼儿表达的欲望和情感

教师可通过讲故事等语言活动，引导幼儿多说，培养幼儿的语言发展。发生在幼儿身上和身边的事，都可以用来培养幼儿的语言发展。比如，教师可把"我是谁""今年几岁了""家住在什么地方""家中都有谁""最爱的人是谁"等设计为语言活动。这些都是幼儿参与或亲身经历的事，他们有话可说，也愿意说。这样的语言教育，能够培养幼儿言之有物、用事实说话的良好习惯，可以避免幼儿将来出现写作文不知写什么、没什么可写的问题。

故事是幼儿最愿意听的，听故事和游戏一样，是幼儿园语言教育活动必不可少的内容。传统的、民间的动物故事和人物故事等，都可以作为语言活动的内容。教师和幼儿围坐在一起讲故事，让幼儿去听、去讨论、去讲述。幼儿需要哪方面的教育，就选择哪方面的故事。根据幼儿内心需要去选择故事，既愉悦了幼儿，又教育了幼儿。

二、言传身教，做好语言表达的示范性

在一日活动中，教师需用标准的普通话与幼儿交流，而语音的轻重、语调的升降、语气的强弱、体态语的辅助等不容忽视。当幼儿来园时，老师的一声亲切问候"小朋友早上好"；当幼儿遇到困难时，老师的一声询问"小朋友，我可以为你做什么"；当老师需要幼儿帮助时，一声温柔地求助"小朋友，请你帮我拿一下抹布好吗"……耳濡目染、春风化雨，久而久之，幼儿也能积极、正向、礼貌地与同伴交流了。

三、关注个体，发现不同幼儿的可爱

教学的艺术不在于传授的本领，而在于激励、唤醒、鼓励。幼儿处在成长过程中，可塑性大，教师应注意了解幼儿的每一个优点和长处，发现幼儿的每一点进步，并通过语言加以肯定和赞扬，激发和鼓励他们不断进步，帮助他们在不断的重复和提升中树立自信心。

幼儿之间存在个体差异，教师要关注到每一个个体，使每个幼儿都得到相应的发展。当幼儿不理解、不明白一些事情时，不能简单粗暴地说"你真笨"。幼儿虽小，可是也有自尊心，甚至是很强的自尊心。若教师说话时不注意，就有可能伤害幼儿的自尊心，给幼儿的心灵或多或少地带来一些消极影响。如小班的依依偶尔会尿裤子，因为害怕被嘲笑，尿了裤子也不愿意告诉老师。班主任了解了这个情况后，有意识地予以关注，有时会不经意间走到依依跟前，蹲下来亲切

地、轻声地询问他要不要上厕所。如果发现他已尿了裤子，就会轻柔地跟他说"没关系"，然后带他去换上干净的裤子，并以朋友的语气提醒他下次想上厕所告诉老师。在这样的氛围下，幼儿就会摒弃顾虑，萌生对老师的亲切感和信任感，从而愿意讲话、愿意发表看法。

四、利用玩具，借助情境，激活趣味性

刚入园的幼儿胆子小，不愿张口说话。教师为拉近师幼之间的距离，可借助幼儿喜欢的小动物头饰，和幼儿进行对话练习，或创设一些故事情境，让他们参与其中，体会游戏带来的快乐。教师也要有意识地让幼儿大胆地发挥想象力去续编故事，培养幼儿的发散性思维。例如，大灰狼睡醒了，它很饿。这时候，山羊妈妈带孩子们去找水喝，正好遇上了大灰狼。当故事讲到这个地方的时候，教师可以问幼儿："下边会出现什么情况呢？"让幼儿去充分想象。有的幼儿会说："它们都被大灰狼吃掉了。"有的幼儿会说："山羊妈妈会和大灰狼打架，保护孩子。"还有的幼儿会想到："小山羊很聪明，它们会藏起来，或者躲在妈妈身后，共同打败大灰狼。"甚至有的幼儿会想到："这时候来了一只很大的狗，把大灰狼打跑了，山羊们得救了。"幼儿们充分发挥想象力，各有各的思维，各有各的表达，通过故事续编，幼儿的想象力、发散性思维以及语言表述能力都得到了充分的发展。

当然，要调动幼儿充分的想象力，还需要一定的引导艺术。比如，在引导幼儿续编故事的时候，教师要有丰富的情绪情感和逼真的模拟动作，让幼儿有身临其境之感。因为只有进入故事的情境当中，才能激发幼儿的表达欲望和情感，而这也要求教师必须不断提升这方面的专业素养。

语言和思维的发展密切相关，二者互相促进、互相制约。良好的语言由优势的思维支撑，聪慧的思维会通过优势的语言表现，所以在幼儿阶段借助语言敏感期的力量培养和帮助幼儿建立优势的语言能力，可以同时促进幼儿的思维发展，激发幼儿的学习兴趣。

生活是语言的源泉，在教育工作中，要给幼儿创设丰富的生活条件，增长幼儿知识，开阔幼儿视野，扩大加深幼儿对周围事物的认知和理解，促进幼儿思维发展。

五、在游戏中培养幼儿的口语能力

在游戏中，幼儿可以任意地表现自己的兴趣、爱好，表达自己的喜、怒、哀、乐，幼儿之间的交往更加自然，交往的主动性增强，交往能力得到充分发挥和表现。游戏中，要让幼儿多看、多听、多说、多练，培养幼儿多方面的兴趣，在丰富的实践中发展幼儿的口语表达能力。

在语言领域教学中，幼儿语言能力的培养不是一朝一夕的，是师幼和家园共同努力下的循序渐进的过程。我们要明确幼儿语言能力发展的科学教育观，积极地调整教学策略，优化语言教学活动环境，发挥幼儿的主体性，让幼儿在轻松愉快的语言环境中发展语言思维，锻炼语言表达能力，提升语言综合知识技能和情感。

山东省东营市河口区义和镇中心幼儿园　刘琳　李月梅

科学领域

培养自然观察能力，萌发科学探究意识

观察是幼儿感受大自然的开始。幼儿自然情感的激发，以及自然探索能力的发展均建立在对大自然观察的基础上。自然观察能力是幼儿获取更多人生经验和学习各种知识的开始，对幼儿的发展具有基础性意义。要培养幼儿的自然观察能力，需遵从每个幼儿的成长需求与探索本能，多提供机会让幼儿与自然环境亲密互动，激发出他们原有的自然观察能力，从而萌发科学探究意识。我们通过开展"探秘爬山虎"系列活动，引导幼儿观察、探究，让幼儿在提高基本能力的同时，感受科学探索的意义。

一、营造适宜环境，调动幼儿的观察兴趣

《纲要》指出，环境是重要的教育资源，应通过环境的创设和利用，有效地促进幼儿的发展。幼儿对感官的信息收集，主要来自外在自然环境的刺激。在自然探究活动中，以观察为基本手段，为其提供良好的观察、思考的自然环境，是锻炼幼儿观察能力的重要保障。我们园内有着观察爬山虎的得天独厚的自然条件，尤其是教室旁的晒台外墙上，爬满了成片的爬山虎。而幼儿们对于爬山虎的好奇和兴趣，正是从二楼围墙上残留的黑色爬山虎脚印产生的。

为了便于观察，户外活动时我们经常带幼儿去晒台，为幼儿提供观察的机会，还鼓励他们在自由活动时间关注爬山虎。很快，郁郁葱葱的爬山虎吸引了所有幼儿的视线，他们从随意观察到有意观察，专

注认真。从开花到结出小小的、青青的果实，幼儿们充分观察到了爬山虎的生长变化，感受到了大自然的活力。这种愉快、自然的观察环境与气氛，都是幼儿所喜欢的，而且都对幼儿具有启发性，激发了幼儿的探索欲望。

二、放手等待，给予幼儿自主观察的时机

自然观察其实是一个从接收外界信息到内化思维的过程，在引导幼儿观察真实的自然现象时，教师需要放手，给予幼儿自主观察、思考的时间和空间。如在"揭秘爬山虎的脚"活动中，通过观察，幼儿们发现爬山虎的脚就像壁虎的脚一样，有吸盘，会紧紧地吸附在墙壁上，幼儿们觉得既好奇又好玩。关于爬山虎的脚，幼儿们总是讨论不停。

一次，航航和萱萱发现一支藤蔓的头上有细丝，叫起来："快来看，这细丝是什么？"

幼儿们赶来观察，讨论着："好像蜗牛的触角呀！""这也是爬山虎的脚吗？""不可能，这细丝上又没有大吸盘，而且它也没有吸在墙壁上啊！"……

争执之下，他们向教师寻求答案，教师鼓励他们继续观察。

几天后，他们惊奇地发现，细丝变得和爬山虎的脚一模一样了。

他们开心地拉着旁边的小伙伴说："快来看，原来细丝就是爬山虎的脚呀！"

在这个过程中，教师并没有在幼儿们遇到困惑时立即告知答案，而是把问题抛回给幼儿，鼓励他们在持续观察实践中获得答案，通过自己的探究，亲身体验观察的乐趣，培养探索意识。

三、善待好奇与疑问，支持幼儿的深度观察

观察会使幼儿对不同的事情产生浓厚兴趣，而持续的兴趣也会将观察带入深度学习中。幼儿在观察中因好奇会时常发问，教师需要耐

心地给予科学、有效的支持，并引导他们持续观察、比较和思考。当教师发现幼儿的观察行为超乎预期时，应了解幼儿的实际想法和需要，并提供恰当的帮助与支持，以适宜的方式支持幼儿的观察。比如，幼儿们发现了幼儿园前面一栋楼的外墙上爬满了爬山虎，惊叹壮观的同时对爬山虎攀爬的能力有了进一步的认识。看着爬满墙却唯独空出窗户位置的爬山虎，璐璐产生了疑问："爬山虎为什么不爬到窗户上去呢？"

回到教室后，教师请璐璐和大家讲述了自己的困惑，随即大家对此展开了讨论。航航认为可能是玻璃太滑了，爬山虎爬不上去；佳佳则说是因为楼里面的人经常开关窗户，导致窗户上的爬山虎脱落了。

教师建议大家通过实验的方法解开困惑。

于是，大家找来了表面光滑程度不一的物体，想办法将这些物品固定在围墙上。

接下来的两周，他们每天早上必来围墙边打卡。

经过许多天仔细的观察和比对后，他们发现爬山虎先后吸附在了毛巾、泡沫板、保鲜袋和木头积木上，最后甚至连最光滑的玻璃都吸住了。

由此，大家得到了这样的共识——爬山虎会优先选择自己喜欢的地方攀爬。虽然爬山虎是可以吸附到窗户上的，但比较而言，它更喜欢旁边粗糙的墙面。

在整个过程中，教师作为幼儿学习活动的支持者，一直为他们持续的自然探究活动创造充足合理的时间、材料与机会，追随其观察的进程，捕捉有利的时机，顺势给予回应，启发幼儿的深入观察，协助幼儿掌握相应的自然理论知识和实践经验。

四、鼓励观察记录，提升观察的系统性

在自然观察活动中，幼儿用多种感官与真实的自然事物进行互动，但要让这些短暂、顷刻间的观察留下记忆，呈现观察的过程和深

度，使零散的认知、发现最终得到梳理和延续，最有效的方法莫过于进行观察记录。

在开展"爬山虎与攀附物的秘密"实验过程中，为了让幼儿们更好地记录每天的观察收获，使实验更严谨，我们为幼儿们设计了观察日记。幼儿们每天都会来观察爬山虎，对爬山虎在不同物体上的吸附过程进行了追踪式的观察，并将每天的观察结果记录在观察日记中，最后通过观察日记来获得实验结果。在观察、讨论、发现、记录的过程中，幼儿们充分调动了各种感官参与活动，既积累了通过观察获取的知识，也巩固了观察得到的印象，对爬山虎脚的生长和吸附过程的认识就更全面、深刻了，他们的观察能力得到提高的同时，表征能力也由单一、稚嫩、简单的符号逐步变得丰富和完整，这对幼儿今后进一步的学习非常重要。

正如苏霍姆林斯基所说："观察对于儿童必不可少，正如阳光、空气、水分对于植物必不可少一样。在这里，观察是智慧最重要的能源。"幼儿是天生的自然观察者，顺应幼儿与生俱来的好奇和探索本能，用适宜的方法来培养他们的自然观察能力，让他们用自己的感官智慧去发现和探究，使他们在获取丰富知识的同时，培育科学探究的精神，体验发现与收获的乐趣。

江苏省无锡市杨市中心幼儿园　惠明凤

依托生命教育提升大班幼儿认知力

《纲要》中提出的"幼儿园必须把保护幼儿的生命和促进幼儿的健康放在工作的首位",以生命为逻辑起点,陶冶生命并促进生命成长,关注生命以及生命的意义,在具体的活动中实践和体验生命,是教育回归本真的一种体现。

自然角是幼儿园开展生命教育的有效途径,但常常出现这样一种情况:开学初自然角一片生机勃勃,但是到了中后期,随着花盆里养分殆尽以及疏于照顾,自然角的植物逐渐地褪去光泽甚至枯萎。很多幼儿对这种现象并没有太多的感受,日常除了浇浇水,并没有其他的养护措施,枯萎了就扔。这反映出幼儿缺乏对植物生命的内在关注,不了解生命的自然规律。

基于幼儿生命教育的实践困惑,我们致力于提升幼儿生命认知力的发展,探索了相关策略。

一、借郁金香,探索生命的奥秘

任何一种植物的成长都有一个过程,单靠观察一盆成熟的植物,幼儿是无法对植物的生长过程有全面了解的,教师应该鼓励幼儿关注一颗种子发芽、长大、开花、结果、枯萎的全过程,通过观察和记录的方式发现生命的成长变化,知道生命是有周期的、不可轮回的、持续变化着的。我们带领幼儿种植郁金香,鼓励幼儿去探究郁金香的外形、习性、生命周期,注意引导幼儿细心观察。

为了激发幼儿的兴趣和探究欲望，在观察郁金香生长过程当中，我们为幼儿提供了放大镜、显微镜、扭扭棒、记录本等工具，这些探究工具激发了幼儿的探究兴趣，引发他们的主动探究，并且这些工具的提供可以让幼儿的观察和发现更加接近真实。

在使用工具观察的同时，我们鼓励幼儿仔细观察动植物的变化，让幼儿把所见所感用自己喜欢的方式记录下来，然后和同伴一起分享。幼儿通过体验、记录活动来感知动植物的生命变化，初步了解生命的诞生、成长、衰老等自然现象。

自然角与其他区域相比，最大的不同就是幼儿观察和探究的对象是有生命的，他们的操作行为可以转化为肉眼观察得到的生命变化。在种植的过程中，我们采用实验对比的方式来凸显生命在受到不同的对待下呈现的不同状态。通过对比实验，引导幼儿将这种认识迁移到人身上，拓展生命教育的深度。

二、培养幼儿正确对待生命的态度

郁金香在幼儿眼中有了生命，他们常常会将郁金香当作自己的伙伴，来园、离园时会主动和它们打招呼，时常给它们浇水。但是幼儿的好奇心有时又使他们在探索过程中不自知地做出一些伤害郁金香的行为，我们通过组织幼儿开展情景表演，让幼儿在表演中感受到这些破坏行为给动植物带来的伤害，从而懂得约束自己的行为，激发起内心对生命的尊重和怜爱。

在假期，常有植物因为疏于照料而蔫缩，甚至死去。培育生命必须是持续而稳定的过程，因此在节假日期间我们让幼儿将郁金香带回家中照顾，假期结束后再将郁金香带回幼儿园，以此培养幼儿的责任感。

在与动植物亲密而持续的接触中，幼儿不仅能够更深刻地认识自然生命的成长规律、感受生命的珍贵，也能够体会自己作为幼小的个体，既充当着被大人照顾的角色，也能以强者的身份去照顾更弱小的生命，每一个生命都有它存在的意义和价值。如在一次给植物擦叶子的过程中，有幼儿发现每片叶子都不一样，而且总有新叶子代替老叶子，有的植物从顶端开始出现枯叶然后逐渐向下延伸，也有的枯叶是从底部慢慢向上延伸。针对这种现象，大家讨论说："擦拭叶子时动作要轻柔小心，不能伤害到叶子。"幼儿萌生了保护生命的意识。

三、巧借幼儿课堂疑问，丰富生命探索空间

课堂设置疑问，可以有效提高幼儿学习的积极性，促进幼儿思考。有效的提问不仅可以形成有效的师幼互动，也能挖掘出更多信息，引发幼儿多方位的讨论，是幼儿园教育教学中常用的有效手段。

1. 择基础问题，拓宽活动内容

择基础问题是指教师围绕一个主题设定好问题，用这一问题贯穿整个活动。在实施生命教育的过程中，我们从幼儿的生活出发，从他们感兴趣的事物着手，让幼儿在充分的感知、体验与互动中感受生命的意义与美好。如在"你好，郁金香"活动中，小雨提出了："有什么办法可以留住郁金香花瓣呢？"我们由此生成了下一个主题——"留住郁金香"，并充分利用一日活动中各个环节的教育作用，开展了"郁金香手帕""郁金香书签""郁金香花展"等不同形式的子活动。

2. 挑典型问题，挖掘家长资源

挑典型问题是指教师围绕这个主题活动对幼儿提出的问题进行挑选，围绕活动中的典型问题发挥家长的教育资源。在实施生命教育过程中，我们鼓励幼儿联系生活中家长照顾自己的经验，并将其转化为对动植物的悉心照料，当幼儿提出"郁金香死了吗"这个典型问题后，我们由此生成了"妈妈大讲堂""亲子种植"等活动，有效挖掘家长教育资源，唤醒家长对于幼儿生命教育的主体责任意识。有一位妈妈将自己种植郁金香的经验告诉幼儿，幼儿们了解了更多郁金香的知识，认真地学习着、感受着，将自己的种植愿望和计划转化成用图画、符号、数字等表示的计划单，在班级的晨会中分享给同伴。

3.选延展问题，实现社区联动

选延展问题是指教师围绕幼儿在主题活动状态中提出的具有新经验的迁移和运用的问题，结合社区资源开展活动。如我们根据幼儿提出的相关问题，生成了"走进社区""社区护花队"等活动，丰富了生命教育课程资源。

生命是循环往复的过程，在面对郁金香的死亡与消逝时，我们鼓励幼儿换种方式去认识生命，体验生命是循环往复的过程，懂得生老病死是自然规律，从而增强幼儿对生命的认识。

通过对比观察郁金香实验，既让幼儿体验到了生命的多样性，也培养了幼儿自尊、自信、自主的人际交往态度和与他人共同生活的能力。幼儿能够大胆、自信表达自己的想法和意愿，也学会了尊重和欣赏他人。

生命教育要遵从儿童的成长规律，就应从幼儿的生活出发，从幼儿感兴趣的事物着手，让幼儿在充分地感知、体验与互动中感受生命的意义与美好。

浙江省杭州市钱塘区清雅苑幼儿园　俞碧玉

暖认知教学模式，培养幼儿科学探究意识

没有情感的认知是冷认知，基于积极情感的认知是暖认知。暖认知教学模式以"师生关系的改善"为核心，重构教与学、情与智、过程与结果、预设和生成等方面的关系，使乐学与乐教在双向的建构中成为一个完整的教学过程。

科学区角是幼儿园科学教育活动的主要途径之一，我们基于暖认知理念，探究在任务情境中激发幼儿探究动力的策略，把每一位幼儿当作一个独立的个体，尊重他们的成长规律，使他们在温情浸润中勇于挑战、敢于失败、乐于发散、善于迁移，从而滋养探究意识，启迪探究智慧，让每一位幼儿的自由个性得到可持续发展，提升科学探究能力。

一、在温情交流中唤醒探究兴趣

在科学活动中，教师要摒弃话语霸权，积极提供温情对话的教学场景。温情对话如同湿润的土壤，给予幼儿成长的温床，鼓励幼儿不畏权威，大胆向教师、向书本挑战，从而在活动中唤醒探究兴趣，体验探索乐趣。如"虹吸现象"实验中，教师取出一个带有吸管的杯子，请幼儿观察并思考："你在这个杯子上发现了什么？"幼儿在杯子上发现一根弯曲的吸管。教师提问："如果将杯子叠高，向杯中加水，猜一猜会发生什么现象呢？"恬恬说："会爆炸。"其他幼儿听了哄堂大笑，恬恬很难为情。教师说一切皆有可能，并鼓励恬恬说出自己的

想法，最终大家一起动手，尝试将恬恬的猜想投入实验中。

在暖认知理念下的对话机制是：倾听—回应—反刍。在学习的过程中，激发幼儿探索兴趣是前提，儿童精彩观点的产生是重点，师生、生生之间情感和思维的互动是难点，教师的引领是关键。在暖认知理念的指导下，我们经过实践，设计了基于温情交流的科学活动的对话模式，具体见下表。

阶段	对话策略
第一阶段：情景导入	教师创设问题情境，亲切提问，激发幼儿探究的欲望。
第二阶段：大胆猜想	教师寻找发现，并鼓励提问，你们有不一样的想法吗？
第三阶段：自由实验	教师观察幼儿实验探索过程，给予温馨提示，助推幼儿探索。
第四阶段：幼儿分享	教师认真倾听，关注幼儿表达时的状态、思考的内容等，并积极回应幼儿的提问。
第五阶段：解释反刍	教师整理幼儿感觉困惑、需要帮助的地方，运用情景化的语言帮助孩子解惑，达到共同成长的目的。

在科学活动中，教师首先应重视每个幼儿的价值与潜能，以谦虚的态度去面对每次的师生交往行为。其次是信任，教师在科学活动中不是等待"好的发言"，而是为了理解去倾听，重点关注幼儿讲话时的状态、思考和表达系统，包括幼儿正在说什么、怎么说的、为什么要这样说……给予幼儿充分的表达机会和温情的回应，激发幼儿参与活动的兴趣，提高幼儿的信心，从而激发幼儿的科学探究意识。

二、在温情容错中积累探究方法

科学活动是一门反复实验、充满理性思维的学科，常常给人以"冷"的感觉，也是注重追求"无差错"的教学，容易给幼儿造成不可犯错的紧张压力，不利于幼儿探究意识的发展。

因此，在温情的容错教学环境中，教师要善于灵巧地设置一些充满冲突的阻碍，以此来刺激幼儿更积极地寻找解题策略，激励他们勇敢地面对一次次的失败，同时激发周围小伙伴的创意和灵感，一起挖掘知识内涵，让思维越来越灵动。如在"神奇的光"活动中，活动开始前，幼儿已经在家和爸爸妈妈玩了影子探索等一系列游戏，对透光性有了一定的了解。当天教师在活动现场准备了很多材料：塑料盘子、彩色塑料片、糖纸、卡纸、蛋糕纸、锡箔纸等，探索部分分为三个环节。

环节	提问	实验发现	结论
环节一	哪些材料能透光？	彩色塑料片、透明的碗、彩纸是透光的，纸板、纸卡不透光。	透光和材料的透明有关系，透明的材料透光，不透明的材料不透光。
环节二	不透明的材料都不透光吗？	彩纸透光，卡纸不透光。	透光和材料的厚薄有关系，厚的材料不透光，薄的材料透光。
环节三	薄的材料都透光吗？	粉色、绿色、蓝色等浅色的彩纸透光，黑色彩纸不透光。	透光和材料的颜色有关系，颜色越深越不透光，颜色越浅越透光。

本次活动的设计中，教师故意设计"坑"。如第一环节结束，幼儿均认为"透光和材料的透明有关系，透明的材料透光，不透明的材料不透光"，此时教师提问："不透明的材料都不透光吗？"幼儿疑惑，教师创设机会让幼儿继续探索，结果出乎幼儿意料。原来猜想错了，但通过错误猜想，幼儿得出了一个新的结论："透光和材料的厚薄有关系，厚的材料不透光，薄的材料透光。"在幼儿猜想错误后，教师再次适时追问："薄的材料都透光吗？"这一次是对幼儿前期经验的发问，幼儿带着疑问继续探索，原来"透光和材料的颜色有关系，颜色越深越不透光，颜色越浅越透光"。这样一次次试错中，幼儿逐渐揭

开"透光"的真相，其实科学活动就是不断猜想、验证、实验、推翻错误认知、不断获得新知识、不断接近真相的过程。

在科学探索活动中，幼儿易犯的某些错误是教师可以预测的，教师应总结幼儿犯错误规律，通过演示、故事、儿歌、课件呈现等方式将错误显示出来，预先控制错误，未雨绸缪，从而提高教学效率。

科学活动中，不要怕幼儿出错，正因为出了错，科学活动才彰显生机与活力。当幼儿出现错误时，教师要循循善诱、耐心阐述、巧妙点化，纠正时要根据错误类型采取不同的方法，使其成为典型的教学资源。教师纠正幼儿错误时，也要因"错"制宜，鼓励他们慢慢说，不要打击他们的积极性，尽量以鼓励为主、幽默评论为辅，充分发挥评价的激励功能，让幼儿在和谐幽默的氛围中接受教育。

三、在发散思维中激活探究意识

在暖认知理念下的科学活动中，我们倡导幼儿积极进行发散性的思维活动，运用思维导图尝试就一个开放性的问题得出不同的答案，或就一个问题从不同角度提出不同的解法等，从而使思维灵活、流畅，提升探究意识。

教师在暖认知理念指导下利用思维导图培养孩子自主探索的意识，能够激发幼儿的内在驱动力。有了一定的自主探索意识，幼儿在科学发现中就不再是被动者，而是主动探求知识、敢于质疑问难、个性得到发展的主动学习者。

教师应教会幼儿在科学探究时能够将脑中产生的各种想法，按照一定顺序排列或按照属性予以分类，绘制成思维导图，促进幼儿思维变得更有组织、更清晰、更有条理。教师要尊重每位幼儿的独特思维特点，包容幼儿的个性化特征，善于创造机会让幼儿时时思考、处处猜想、乐于推理，使幼儿养成"总想发现点儿什么"的探究意识。

四、在温情迁移中提升探究能力

归纳概括得到猜想和规律,并加以验证,是探究的重要方法。因此,教师应在温情鼓励下引导幼儿去积极寻找知识之间的关联,把知识进行跨越式、结构式的整理,帮助幼儿不断形成完整的知识结构,在结构化的知识图表中融会贯通,丰富经验,强化探究意识。

幼儿在经验迁移的过程中,容易出现"原位迁移"的现象。也就是说,有时不同幼儿对于教师提问的回答尽管内容不同,但是回答的结果都属于同一水平。对于幼儿而言,经验是整体的,它不因时间和地点而分割,更不因领域的变化而变化,只要已有的经验在合适的领域中能够迁移,这样的迁移就是有效的。

通过初识、走近、尝试运用暖认知理念后,我们发现"暖"字突出了以情激智、以智生情、情智交融的境界。教师以情传情,以尊重、关爱感染幼儿;幼儿以情促情,以信任、默契回应教师;教师明理动情、灵动智慧、游刃有余;幼儿兴致盎然、趣味横生、大胆思辨;师生平等对话、情感交融、智慧碰撞、心心相印。学与教应该从相互分离到相互依存,继而双向奔赴。学与教的关系由同伴、师幼关系发展为"以幼儿为中心"的学习共同体中参与者、协商者的关系,教学成为师幼合作进行的真实研究,成为问题探究与解决的过程,成为教师对幼儿想法的理解过程。

暖认知理念下的科学活动,让幼儿从旁观走向自主,让幼儿热爱探究、乐于思考、勇于讨论,让教师这个角色更富有人情味。教师要善于利用暖认知理论,构建有温度的科学活动,用任务情境温暖幼儿情感,强化幼儿的学习动机,从而提升幼儿的探究动力。动力有了,探究意识就提高了。教师要时时呵护幼儿的好奇心,通过唤醒、激励、提升和强化等教学方式方法,启迪幼儿的探究智慧,让每一位幼儿的自由个性都得到可持续发展。

上海市松江区蓝天幼儿园 张萌

利用教玩具高效开展科学教育活动

《指南》中指出，儿童有着与生俱来的好奇心和探究欲望。好奇、好问、好探索是幼儿的年龄特点。探究既是幼儿科学学习的目标，也是幼儿科学学习的途径。因此，对幼儿进行科学教育的过程，要尽可能地运用直观的教育方法，充分发挥幼儿多种感受器官的作用，让幼儿在感知、体验和操作的过程中，使其在生动形象的气氛中接受教育、获得发展。

教玩具以其鲜艳的颜色、优美奇异的造型、灵巧的活动、悦耳的声响等，吸引着幼儿的好奇心和注意力。它以具体的实际物体和近似实物的形象来满足幼儿动手动脑、操纵摆弄物体的愿望。因此，教玩具在进行幼儿科学教育的活动中起着非常重要的作用。

一、开启幼儿探究的欲望

《指南》中指出，幼儿科学领域的学习与发展目标紧紧围绕着激发探究和认识兴趣，体验探究和解决问题的过程，发展初步的探究和解决问题的能力。教玩具具有未定型性和未结构性，幼儿可按照自己的想象、兴趣和能力去自由探索、搭砌，能充分满足幼儿活动的要求。再加上教师的引导、鼓励、帮助、释疑、讲评，就会使幼儿科学教育活动更加直观、形象、具体、富有趣味性，能够充分地激发幼儿探究的欲望。

二、激发幼儿参加科学活动的积极性和主动性

好奇心和兴趣是幼儿科学探究中的首要目标，幼儿的科学学习不能以牺牲兴趣为代价来求取能力的发展和对知识的掌握。自然的、身边的、熟悉的、生活中的事物是幼儿最感兴趣的，对这些事物的探究最能激发幼儿探究的热情，教师应为幼儿提供有探索空间的玩具材料等。

我们充分利用教室的空间，巧妙地根据教育需要，设计和改变环境来丰富幼儿动手动脑的材料。组织幼儿参与布置环境，允许幼儿把自己的"宝贝"带到幼儿园，准备出空间让他们摆放。例如：用他们带来的虫子、捡到的落叶、收集的种子、挑选的石头、绘制的图片等，来布置展览；用他们带来的小鸟、小猫、小狗来充实自然角；用他们带来的电动小汽车、声控玩具、遥控飞机等有趣的玩具充实科学角。我们充分发挥教玩具各种功能的作用，鼓励幼儿每人选一项"任务"，包括浇花、喂小鸟、给小狗洗澡、记天气日记等，让幼儿自己去操作、去观察、去想象、去玩耍、去探索，让幼儿有充足的空间、材料和时间，高高兴兴地投入学习活动，有效地激发幼儿的主动性和积极性。

三、培养幼儿的创新意识和求知欲望

幼儿的创新意识和求知欲望是由外界刺激物直接引起的，玩具的出现常常能够引起幼儿去做相应的游戏、进行相应的想象。如在一次教学活动中，我们采用了"小火箭车"为教具，当"小火箭车"展现在幼儿面前时，幼儿们便被它奇特的外形深深地吸引了，"它是什么？""它怎样玩呢？"……一连串的问题涌现出来。幼儿们猜测着，有的用手触摸小电机，有的摸小齿轮，有的摸小气球，当齿轮转动起来后，"小火箭车"快速向前冲去，这时幼儿欢呼起来："它怎么能跑得那么快？""气球为什么越变越小？"带着疑问，幼儿自己反复操作、探索，玩得十分开心，甚至还有幼儿有创意地玩出了其他花样。幼儿

的活动积极性高涨，激发了幼儿的求知欲望和创新精神。

四、促进幼儿早期智力发展

科学教育是早期智力开发的重要内容，而在科学教育活动中，正确运用教玩具是进行科学教育活动的重要途径。通过教玩具的正确运用，可以培养幼儿在科学活动中观察、实验、测量、统计、分类、联想、类比、判断、分析、概括、表达等方面的技能。如在自然角中，我们为幼儿提供了五颜六色的种子标本、落叶、果实等实物，让幼儿对这些物品的形状、大小、颜色、材料、用途、特征等进行认真的观察和思考，找出同类物品的内在联系和不同物体之间的区别，从而培养幼儿比较、观察、分析、思考的能力。又如在教学活动中，我们为幼儿提供各种容器和颜料，让幼儿在不断地反复操作中，获得两种或两种以上的颜色混在一起会变成另一种颜色的认知，并用语言讲解自己操作的过程与结果，培养幼儿独立动手实验、联想、概括和语言表达的能力，进一步促进幼儿早期智力的发展。

五、促进幼儿个性的健康发展

幼儿个性不一，有的活泼好动，有的比较内向，但他们都有一个共同的爱好，那就是"玩"。在科学教育活动中运用各种教玩具，让幼儿通过自由地"玩"来展现他们的想法和才能，可以使他们的智慧、个性得到充分的发挥。如有位小朋友各方面能力较弱，反应较慢，平时对任何事情都是态度冷淡，遇事退居一旁，上课基本不举手发言。但在科学活动中，面对各种各样好玩的教玩具，他却能与其他幼儿一样主动、独立地进行探索。在一次"怎样使物体移动"的科学活动中，他意外地发现了某一物体能够带动邻近另一物体移动的现象，并鼓足勇气进行了表达。教师及时肯定和赞扬了他，使他感受到成功，逐渐变得愿意与同伴交流了。

运用教玩具对幼儿进行科学启蒙教育，能够使幼儿从小在心灵中埋下科学的种子，引发他们对科学的兴趣与爱好，积极地动脑去探索，从而促进其智力与个性的健康发展。

山西省晋城市凤鸣幼儿园　田丽芳

让科学活动因"玩"而熠熠生辉

《纲要》指出，幼儿的科学教育是科学启蒙教育，重在激发幼儿的认知兴趣和探索欲望，感受科学探究的过程和方法，体验发现的乐趣。在高结构的科学集体教学活动中，如何引领幼儿动手、动心、动脑探索，是一线教师必须思考的问题。科学教育融趣味性、操作性、思考性、创造性为一体，对幼儿具有巨大的吸引力。如何在活动中帮助幼儿播种科学的种子，养成不断探索的习惯，不断克服困难努力前行呢？我们通过不断地实践与梳理，发现了适宜的科学教学策略，旨在用适宜的内容、适合的策略、适时的助推提升科学课堂效率，提升教育价值。

一、适宜的内容，让"玩"从手开始

为幼儿选择适宜的内容，是支持幼儿积极探索的有效支撑。幼儿可以在贴近他们生活的、有趣的内容中，通过"玩中学"，不断感受科学的魅力，从而激发对科学探究的兴趣。

1. 内容生活化

《纲要》指出，科学教育应密切联系幼儿的实际生活进行，教师应充分利用身边的事物和现象作为科学探索的对象。所以科学活动生活化，能使幼儿发现和感受到周围世界的神奇，体验和领悟到科学就在身边。比如餐巾纸是我们常见的生活用品，它与幼儿的生活密不可分。在热的时候擦擦小脸，在感冒的时候擦擦鼻涕，擦完了他们还喜欢放在手里揉搓，使纸巾变成了纸屑。细心的小朋友发现了这一现象，并发表了自己的观点："餐巾纸一点也不结实。"有时个别幼儿会把餐巾纸盖在脸上往光亮的地方看，有的甚至还会将纸巾撕成条或块，玩得不亦乐乎。兴趣点结合冲突点，教师借此时机设计了"挑战不可能"科学探索活动，带领幼儿发现餐巾纸更多的秘密，幼儿们学习起来兴致勃勃。

2.操作简易化

儿童的思维离不开动作，动手操作是智力的源泉、思维的起点，也是儿童成长的基础。结合科学领域的目标更不难看出，科学领域的学习不是静态知识的传递，而是注重幼儿的情感态度和探究解决问题的能力，以及与他人和环境的积极交流与和谐相处。由此可见，做即学，学以做。科学活动中操作材料的选择、操作内容的设计尤为重要。如在"挑战不可能"活动中，有一个环节要求幼儿利用餐巾纸拎油桶，能充分满足幼儿们的科学探索需求。拎不起就再来一次，越战越勇；拎起来便欣喜开怀。幼儿们不需纠结于"怎么做"的操作本身，而是留有更多的时间和精力于"玩"，在"为什么"的追寻中，尝试、探究、体验、收获。

二、适合的策略，让"玩"从心出发

幼儿园科学领域课程的实质是对幼儿进行科学启蒙教育，实现科学素质早期培养。它特别强调的是对幼儿进行科学启蒙教育，重在激发幼儿的认识兴趣和探究欲望。只有激发幼儿的好奇心，触发兴趣内驱，让幼儿的心动起来，带着迫切的渴求，才能让科学活动的探究之旅入眼更入心。如在"挑战不可能"活动中，第一次操作"想办法用餐巾纸拎起油桶"，餐巾纸的脆、弱和油桶的强、重，巨大的反差让幼儿觉得不可能拎起来。可怎样才能扭转劣势，变不可能为可能呢？强烈的探究欲望在这一刻被最大限度地唤醒了。第二次操作"尝试把餐巾纸卷成纸绳，用纸绳拎油桶"，操作成功的幼儿，喜笑言开、信心十足，期待着再次成功；没有成功的幼儿，看到别人成功，便会期待着自己也能成功。浓浓的期待是幼儿们再次探究的最强动力。待幼儿们都体验了成功的喜悦，"纸绳大赛"就开始了，在比赛氛围的渲染中，带着"我要做冠军"的意念，幼儿们各个摩拳擦掌、兴致盎然。

三、适时的助推，让"玩"从脑发力

《纲要》提出，学习科学的过程应该是幼儿主动探索的过程，教师要让幼儿运用感官、亲自动手、动脑去发现问题、解决问题。"教师要引导幼儿细心、专心地观察，从不同角度观察或在一段时间对某一物体进行连续观察，找出事物变化的简单原因，学习简单的推理。"这就需要将操作后的集中分享、经验梳理进行有效落实。

1.具象操作场景

科学活动强调让幼儿亲自参与、亲历研究过程。在活动中，幼儿是主动的探索者、研究者、发现者，是知识经验的主动建构者。幼儿在这一过程中建构所得的那些零碎的、散落的、片段的经验，需要在彼此的表达和交流、观点的碰撞和统一中进一步明晰，最终构建为科学知识与经验。而幼儿的科学经验是一种经验性的知识，是一种以经验的方式呈现出来的科学概念。这就要求我们在组织幼儿开展集中分享和梳理时，客观还原操作现场，具象操作场景，完整呈现幼儿在操作中获取的一些直接科学经验。

如"挑战不可能"整个活动都是围绕餐巾纸而展开的，随着实践操作、发现问题、梳理经验、再操作、再发现、再梳理……而不断推进。承重力探究，高度、稳定、力度、着力点的选择，持续时间的长短等都是操作过程中不可避免的诸多不确定因素，也就意味着每个幼儿的操作是不可复制的，幼儿的每次操作也是不可复制的。这样一来，集中交流时单靠言语表达是无法准确呈现的，进行现场演示也是不能确保无误的。针对这一问题，活动中教师采取的是视频再现。运用多媒体设备播放现场活动中的典型案例,引导幼儿观察"怎么了",分析"为什么"。视频再现除了真实还原操作现场外,熟悉的人、事、物更有代入感,使得观察更为有效。

2.记录梳理经验

把幼儿观察、探索中获得的经验记录下来,以此作为得出结论的依据,有助于幼儿形成正确的科学意识、科学观念,养成尊重事实、实事求是的科学精神和态度,有助于幼儿自我建构科学知识和经验。

活动后,教师以视频作为切入点,随着幼儿观察、分析的层层深入,逐一在表格上记录呈现。这样的记录不仅进一步梳理了思路,也为后期进一步探索提供了依据。直观具象、一目了然的梳理环节,助推幼儿在实际动手操作过程中积极动脑,使有效科学经验的建构在幼儿们的一言一行中因势利导、顺势而为。

浙江省绍兴市柯桥区华舍中心幼儿园　王鑫美

幼儿园一线教学经验聚焦50例

变换课堂提问方式，培养幼儿创造思维

课堂教学过程是一个特殊的认识过程，是一个充满心理活动的过程，是一个不断提出问题、解决问题的过程。通过改革传统的提问方式，变单向提问为多向交流，变少数发言为全员参与，变注重结果为注重思维过程。我们精心设计了几种创造性的提问方式，培养幼儿的创新意识和创造能力。

一、改革传统的提问方式

传统的提问方式是"满堂问"，主要的表现形式有两种：一是老师向"满堂"幼儿提出一连串的问题；二是老师自始自终都在问，陆续点名幼儿来回答。在大合唱式的集体回答中，表面看来课堂气氛活跃，实际上许多幼儿只是不假思索地随声附和而已；如果一次提问只限于一个幼儿站起来单独回答，又往往使其他多数幼儿的思维活动处于消极状态，不会认真开动脑筋。

1.变单向提问为多向交流

（1）双向交流

双向交流即在课堂教学中既有教师的提问，也有幼儿的质疑，师生相互提问，共同研讨，达到对所学内容的理解。幼儿教师有意识地引导幼儿发问，形成双向交流，才有利于教师的正确"导航"，利于培养幼儿的创造性思维能力。

(2) 多向交流

多向交流是指在课堂上安排师生间的相互提问、幼儿之间的相互发问，形成教师问幼儿、幼儿问老师、幼儿问幼儿的多向交流形式。我们在幼儿教学中安排小组讨论，小组讨论中未能解决的问题再利用双向交流的模式予以解决。这种交流的模式使幼儿有了学习的主动权，有利于培养幼儿的创造性思维能力。

2.变少数发言为全员参与

课堂提问存在的另一个问题，往往是教师偏爱优等生，对中等及中等以下幼儿事事不放心，因而读儿歌、回答问题都是优等生的机会较多。久而久之，也就导致一些幼儿形成了惰性。有时候教师设计的问题偏深、偏难，忽视了整体幼儿的思维能力水平，使原本较为落后的幼儿更加没有回答问题的欲望。要改变这种状况，需要教师树立全员参与的观念，在设计和实施课堂提问时做到以下两点。

(1) 难度适当

一般说来，问题提出后，幼儿不能随之答出，但经过思考后能陆续举手发言，这样的问题难度便为适当了。例如，我们在教学活动"救生圈扔给谁"中，当幼儿提出给每个小动物扔一个救生圈时，我提出问题："可现在船上只有一个救生圈，如果你是小熊，你会怎么办呢？你有什么办法？"这样的问题需要幼儿经过思考再回答。教师要给幼儿留出足够的思考时间，保证每个幼儿都可以为回答问题做好心理准备。

(2) 激起思考

什么样的问题能激起幼儿的思考呢？提的问题太难，幼儿经过努力仍无法理解，也会挫伤其积极性。提问应比现实发展区略高一些，即在最近发展区内，使他们跳一跳能摘到果子，这样的问题便能激起幼儿的思考。例如，我们在教学活动"救生圈扔给谁"中，我这样提问："小动物们掉在水里会怎么样？你会用什么方法来帮助它们？"幼儿们纷纷发言，有的说用绳子把小动物们一个一个拉上来，有的说给每个小动物一个救生圈，等等。幼儿们的思维活跃起来，都愿意思考、作答。

3.变注重结果为注重思维过程

很多老师的课堂提问存在着一个突出问题，就是注重结果多，展现思维过程少。还有教师只求结果，使幼儿的思维受到限制，培养幼儿创造思维的能力成了一句空话。课堂提问应从注重结果中解脱出来，重视幼儿展现思维的发展过程，从而使提问有效、高效。

课堂提问不是目标，得到答案也不是目的，而是通过提问师生共同探讨问题的过程来培养幼儿的认识能力和独立思维的能力。因此，在课堂教学中，教师不仅要善于设计问题，而且要善于引导幼儿分析问题、解决问题，不仅要让幼儿得到正确的结果，更重要的还应该让幼儿说说得出这一结果的理由，使幼儿的思维过程能够在课堂上得到展现，这样能大大激发幼儿创造思维的欲望。

二、精心设计有创造性的提问方式

1.启发式提问

启发式提问是指提出的问题具有很强的启发性和诱惑力，而答案又不是轻而易举可以得到，必须通过自己的一番探索和努力才能获取。也就是说，问题情境并不神秘，是幼儿生活范围中能感受到，但又不能用已有的知识经验直接加以处理。既熟悉又不能马上解决，才能产生吸引力，引发思考，促进探索。这不是已有知识经验的简单再现，而是将已知信息生产组合达到解决问题的目的。例如有一次，我看到多多拿了一块三角积木走来走去，我问他："你今天玩什么？"他回答说："给大家拍照。"然后拿着手里的三角积木给小朋友拍照。玩了一会儿，我有意启发道："你的照相机是什么牌子的？你有照相馆吗？"他跟我进行了简单的交流，然后去改进照相机，还请了两位幼儿协助他一起拍照。在游戏讲评时，他介绍了他的照相馆，还不忘为他的照相馆做宣传："欢迎大家来拍照！"

所以，当幼儿的游戏没有变化或停止不前时，教师的启发式提问，可以充分发挥幼儿的主动性，促进幼儿的游戏水平和思维能力的发展。

2.开放式提问

开放式问题包括判断性问题、假设性问题、创造性问题，这些问题没有现成的答案，不受任何制约，可以为幼儿提供创造性的想象和创造性思维的空间。开放性问题又具有一定的难度，需要幼儿搜寻以往的生活经验，联系实际对问题予以分析，综合比较、判断和推理，幼儿在"设身处地"的情况下，与已有知识经验产生情感共鸣，从而受到启发和教育。

3.比较式提问

比较式提问是指通过教师的提问，让幼儿在众多答案中进行比较、鉴别，选出最满意的答案。比较式提问，能使幼儿在回答问题的过程中获得对事物清晰的认识，从而得到新颖而有价值的思维成果。例如，在教学活动"救生圈扔给谁"中，需要决定把救生圈给小鸭、小狗还是小鸡，幼儿们通过比较、商讨，最后选出要扔给不会游泳的小鸡。这样，既进行了发散性思维的训练，又进行了集中思维的训练。

浙江省嘉兴市海宁许村镇中心幼儿园　蒋银波

关注数学核心经验，提升幼儿数学能力

核心经验是指对于幼儿掌握和理解某一学科领域的一些至关重要的概念、能力或技能。就幼儿的数学学习领域而言，核心经验就是幼儿在这一年龄段发展中可以获得的最基础、最关键的数学概念和能力。

在实践过程中，我们通过开展适宜全体幼儿的集体活动环节和满足个别需求的个别化活动环节，来关注核心经验开展数学活动。通过关注幼儿情况的实践式操作策略、满足幼儿水平的针对性指导策略、帮助幼儿理解的专业性帮助策略、提升幼儿能力的渐进式支架策略、弥补幼儿短板的多类型驱动策略、肯定幼儿情况的全方位展示策略，综合发展幼儿的数学核心素养能力。

一、开展适宜幼儿的集体活动环节

《纲要》指出，幼儿园的教育活动是以多种形式有目的、有计划地引导幼儿生动活泼、主动活动的教育过程。而被大家所熟知的集体活动环节也是达成教育目标的方式之一，在选择内容方面需要更加贴合幼儿的能力及兴趣。

1.关注幼儿情况的实践式操作策略

《指南》指出，最大限度地支持和满足幼儿通过直接感知、实际操作和亲身体验获得经验的需要。数学活动中的实践性操作，不仅能让幼儿获得相关的经验，而且可以让教师关注幼儿掌握的实际情况。

(1) 满足幼儿差异

以前，每个幼儿拿到的操作材料都是一样的。随着实践的深入，我们提倡满足不同幼儿的数学能力水平，提供不同层次的材料。如在小班数学活动"排排队"中，其核心经验为按数量进行排序、感知5以内的数量关系。我们提供了多种操作材料，幼儿根据自己的情况自由选择，这样的方式可以满足不同水平幼儿的真实需求。

(2) 珍惜操作错误

在进行操作材料过程中，幼儿会有不同的错误。为了更好地利用操作过程中的"错误"机会，我会对幼儿的操作情况进行有针对性的讲评和分析，请幼儿指出错误的地方，并进行改正。在这个纠错改错的过程中，教师需要注意保护幼儿的自尊心、自信心。如在小班数学活动"分糖果"中，其核心经验为按数取物。在讲评环节，我们用"谁来帮小熊检查一下""谁来帮助小熊装正确的糖果"等话语来帮助幼儿发现错误、改正错误。

(3) 表征思维过程

操作的过程是幼儿思维的过程，为了将幼儿内化的思维进行外显，我们提倡并鼓励幼儿交流分类的结果，这是体现幼儿抽象思维和内化水平的一个重要标志。在交流过程中，我们通常使用疑问、反问、示弱等方式。如在中班数学活动"时尚小模特"中，我们请幼儿根据指令进行二维归类。以"你们为什么上来？快点来告诉老师吧""我们请的是戴帽子和项链的小模特，你有吗"等问题让幼儿进行表达，提高幼儿的思维能力。

2.满足幼儿水平的针对性指导策略

在数学活动中，我们的指导策略有及时肯定、实物展示、任务驱动、情境引导、提问启发、操作练习等，需要根据幼儿的情况进行有针对性的指导。如在大班数学活动"农场买鸡蛋——凑十"中，此活动的核心经验为在问题情境中理解凑十的意义，能运用凑十进行求和计算。活动分为乘公交车、农场买鸡蛋等环节。在农场买鸡蛋这个环节，假设每一个盒子里都已经有一些鸡蛋，让幼儿扔骰子，扔到数字几就再装几个鸡蛋，最后把鸡蛋的总数写在格子里。此环节要求幼儿使用凑十法进行计算。

在观察过程中，发现有一部分幼儿看到骰子上的点数之后，可以直接与原有的鸡蛋数量相加，并将数字填入格子内，此类幼儿的能力较强，可以鼓励幼儿尝试新方法；大部分幼儿能够根据所学的凑十法进行计算，这部分幼儿获得结果速度较慢，但是非常扎实地掌握了学习的方法，对于此类幼儿应该采用及时肯定、语言引导、同伴竞赛等方式增加幼儿操作的熟练度；有一部分幼儿发现了操作的小窍门，对于此类幼儿应该采用肯定表扬和经验分享的方式，让幼儿们的好办法得到放大，同时可以拓展幼儿的思维；有小部分幼儿运用雪花片来计算，将雪花片放在桌子上一个一个点数，然后数出总数，这部分幼儿相对来说能力较弱，可以用语言提醒、适当帮助的方式进行指导，逐步帮助他们理解凑十计算的方法。

二、满足个别需求的个别化活动环节

满足个别需求的个别化活动环节，主要可以通过提升幼儿能力的渐进式支架策略和弥补幼儿短板的多类型驱动策略实现。

1.提升幼儿能力的渐进式支架策略

提升幼儿能力的渐进式支架策略，包含关键提示图、可操作材料、同伴记录纸三个环节。

（1）关键提示图

可以运用关键提示图来帮助幼儿进行理解，从而完成个别化内容。如大班钓鱼材料，此材料核心素养为数量与数字匹配。除了这份材料所需要的东西外，我们还特别准备了一份5以上的数字与数量对应图，让幼儿在遇到困难的时候能够通过看图片解决问题。这样的方式可以提升幼儿的观察能力，同时帮助幼儿建立学习数学的信心。

（2）可操作材料

除关键性提示图，还可使用可操作性材料作为帮助幼儿的支架，这些材料包括蘑菇钉、小棒冰棍等随处可见的物品。如大班区域材料中的电话号码本，投放此材料的目的是帮助幼儿掌握10以内数量的分解。部分幼儿能力较弱，于是我们提供了火柴棍等材料，幼儿可以用摆一摆、数一数的方式来解决遇到的问题，逐渐提高数学能力。

（3）同伴记录纸

在实践过程中，我们经常提醒幼儿将活动中的好办法记录在纸上，然后进行张贴展示。当幼儿遇到困难的时候，可以选择看同伴的记录纸。这样的方式既是幼儿自我不断学习的过程，也是知识自我建构的过程。

2.弥补幼儿短板的多类型驱动策略

弥补幼儿短板的多类型驱动策略包含激趣式驱动、奖励式驱动、邀请式驱动三个环节。

（1）激趣式驱动

幼儿对于好玩的数学区域材料比较有兴趣，在设计制作玩教具的过程中，我们多以好玩、有趣为基调，同时用情境性、游戏性、竞争性来丰富玩法，通过激趣式驱动，让幼儿学习数学。

（2）奖励式驱动

面对幼儿的逃避心理，可适当进行奖励，让幼儿愿意参与其中，比如可以获得一次当小老师的机会、优先选择活动内容的机会等。

（3）邀请式驱动

在上述两种方式都尝试之后，如果幼儿仍然不愿意参与其中，可以选择直接邀请的方式。可以用日历做一个告示牌放在数学区域内，每次活动前将需要邀请的幼儿学号放在上面。被邀请的人员要同时包括能力弱和能力强的幼儿，不要让幼儿有一种被特殊对待的感觉。

浙江省海宁市实验幼儿园教育集团文苑幼儿园　濮云霞

让游戏贯穿在数学活动中

游戏是幼儿们喜爱的活动，它为幼儿提供了一个愉快、轻松的环境。幼儿在游戏中主动性强，动作、思维都处于积极的活跃状态。将数学教育渗透其中，使抽象的数学知识与具体的游戏情境结合起来，就可以把数学教育的内容具体化、形象化，使幼儿易于接受。因此，对幼儿进行数学游戏化教学，能极大地让幼儿在数学游戏活动中发现乐趣，激发幼儿对数学活动的兴趣。

《纲要》明确提出数学教育的目标是"能从生活和游戏中感受事物的数量关系并体验到数学的重要和有趣"，这要求我们与幼儿进行数学活动时要做到生活化、游戏化，让幼儿在轻松的氛围中"玩"数学。游戏可以使数学教学不再抽象、枯燥、乏味，而是充满了游戏的童趣、充满了想象的活力，因此游戏是幼儿数学教育独具特色的、强有力的教育手段。当数学活动以一种真正的游戏形式呈现出来时，它能带给幼儿许多乐趣，也能使教师享受到数学的快乐。让幼儿在游戏中感受数学，既有助于幼儿积累数学知识，也是培养幼儿主动学习的最佳途径。

一、游戏中发现乐趣，激发幼儿对数学的兴趣

《指南》教育建议指出要利用生活和游戏中的实际情境，引导幼儿理解数概念。如果我们将数学知识融入游戏活动和运动之中，让幼儿在玩耍中学习，在运动中学习，既可以满足幼儿的游戏运动需要，

又可以顺利地完成数学教学任务，枯燥的数学知识变得有趣，简单重复的联系因游戏变得生动起来，幼儿们学得轻松、学得愉快，效果也会更好。

每次数学活动，我们都会设计各种游戏，让幼儿们充分地动起来，并非单调的说、写、死记硬背。如在班级区角设置了"超市"，并在这个区域投放了大量生活物品。在认识钱币时，幼儿们自行分配角色，分别扮演收银员、售货员、购物者，在不同身份之间进行买卖，不仅学会了认知钱币，还学会了找零钱，更懂得了与人交往，在玩玩乐乐中不知不觉、自然而然地获得了数学知识。又如学习7的加法时，幼儿们玩起了掷骰子游戏，扔到哪个数字就选择相应的糖块放到盒子里，相加等于7，就可将糖块放到自己的筐里；如果不等于7，就放到空盒子里，谁的糖块多就获胜。游戏中，幼儿的情绪轻松愉悦，自然而然地喜欢上数学学习。

二、在情景中创设轻松愉快的数学游戏

游戏本身具有一定的趣味性和情境性，游戏情境的创设有利于让幼儿更全身心地投入到游戏活动中来。教师应有意识地创设一些轻松愉快、诙谐有趣的故事情境，把故事、儿歌、操作、情境和游戏有效地结合起来，更好地增强游戏的趣味性。游戏中的这种体验过程，是幼儿锻炼自己的观察力、注意力、记忆力的过程，也是从熟悉的事物出发，唤起幼儿生活情感的过程，在此过程中幼儿将会对数学产生很大的兴趣。

如在学习6的分解时，我们创设了大鱼吃小鱼的情境。教师扮演大鱼，6个小朋友扮演小鱼，每次游戏幼儿们要跑到栅栏的两侧，栅栏两侧的人数代表分解的数，每次要跑的人数都不一样才能获胜；如果有重复的，就要被大鱼吃掉，需要重新选择小朋友再次进行游戏。活动中，幼儿们有时会分的重复，一些幼儿发现后，还会拽一个小朋友过来，让每次的分解不同。游戏情节贯穿活动始终，幼儿们非常喜

欢，也愿意参与，课堂教学活泼有趣、轻松愉快。

又如小班幼儿学习认识数时，每个幼儿身上都贴有不同的数字，扮成小羊，老师扮成狼。老师随便说出一个数字，身上贴有这个数字的幼儿就要躲起来，其他幼儿要掩护这些小羊，若被老师抓到就要被淘汰。这个游戏帮助所有幼儿巩固了对数的认知，也让幼儿们在保护同伴的同时懂得团队协作的力量，在愉快的气氛中获取知识。

再如小猫钓鱼的游戏情境，教师带领幼儿们玩套圈游戏，幼儿们利用卡纸制作套圈，将套圈套入相应数量的钓鱼台上，谁钓到的鱼最多就获胜。幼儿们在游戏中知道了数量的对应，整节课堂充满了乐趣，幼儿们在愉快的氛围中认识了数字，收到了事半功倍的效果。

三、提供丰富的操作材料 设置数学活动游戏

操作性的数学游戏就是让幼儿通过操作玩具或实物材料，并按照游戏规则进行的一种教学活动。这类教学游戏通过主题和情节，体现所要学习的数学知识和技能。幼儿在操作材料进行游戏的过程中，可以认识各种材料的特性，体会物体与物体间的相互关系、相互作用以及事物之间的因果关系，不仅发展了视觉、嗅觉、触觉等各种感知能力，还发展了观察力。

让幼儿在数学活动中每人都有一份操作学具，意义不仅在于能使每位幼儿都获得练习的机会，更重要的是利用操作活动学习数学，既能提高幼儿的学习兴趣，又有利于发展幼儿的逻辑性思维和判断推理能力。因此，在数学的学习活动中，要为幼儿提供丰富多彩、生动有趣的操作材料，充分激发幼儿操作的愿望和活动兴趣。

此外，还要根据幼儿的学习特点，有目的地创造和提供相应的数学活动材料，让幼儿在玩中学数学，在操作中亲近数学、发现数学的奥妙。如大班幼儿创编5以内的加法时，我们将幼儿分成了4组，每组提供不同的多种材料，让幼儿们分工合作：一人创编加法应用题，一人说出算式，一人写出算式题。另外又提供了一个画面丰富的挂

图,摇铃时幼儿抢答创编应用题,比赛哪组获得的果实多。对幼儿来说,能在玩中动手、动脑、动口,运用多种感官参与到活动中,他们就会感到学习活动是多么的有趣。

四、在生活中寻求数学知识,体验数学游戏的快乐

丰富多彩的生活为我们提供了一个广阔的教育平台,教师要突破以知识为主线的设计方式,寻找更新、更好的发展幼儿思维的新方式。《纲要》要求,在生活和游戏中感受事物的数量关系,体验数学的重要和有趣。根据这一理念,我们在生活中对幼儿进行数学游戏教育无疑是一条快速、有效的教育途径。数学来源于生活,任何的数学概念都能够在现实生活中找到原型。幼儿大部分时间都是在幼儿园里度过,我们要抓住幼儿的一日活动和游戏时间,让幼儿体验数学的重要性和意义。

生活中隐藏着大量的教育信息,幼儿难以主动感知,但仔细观察后会发现,身旁有着无穷无尽的数学信息。比如车牌号、电话号码、时钟、电视等,都有许多数字和时间,它能快速帮助幼儿建立数学的概念,锻炼幼儿的观察力和注意力。我们班级的区角内就投放了大量的时钟,让幼儿们知道什么时间吃饭、什么时间睡觉,还让幼儿们自己摆时针和分针,认识整点和半点,很好地巩固了教学内容。此外,在带领幼儿们吹泡泡时,数一数泡泡的个数,分一分大小;站队时,按照从矮到高的顺序排队……作为教师,我们要善于创设、发现和利用生活化的教学情景,利用这些幼儿熟悉的生活情景来开展活动,使幼儿对数学有一种亲近感,感受数学与日常生活的密切关联,并能学习运用数学知识解决一些简单的生活问题,从而进一步激发幼儿学习数学的兴趣。

黑龙江省八五六农场幼儿园 何峰莉

在动手操作中学数学

数学是一门概括性、抽象性、逻辑性都很强的学科。皮亚杰认为，智慧自动作发端，活动是连接主客体的桥梁，抽象概念的掌握要从动作开始。这就强调了幼儿园的数学教育中，应以幼儿的操作活动为主要手段，把抽象的教学知识转化为幼儿能够理解的可操作知识，让幼儿通过自己的活动来发现和感知数学，真正理解数学。而幼儿通过亲自动手操作，在摆弄物体的过程中进行探索，从而获得数学经验、知识和技能。因此，教师如何在幼儿的教学活动中充分发挥操作的作用就显得尤为重要。

动手操作是一种特殊的认知活动，幼儿借助手的活动能够实现和反映其内部的思维活动，让多种感官参与学习改变了"耳听口说"的学习模式。幼儿加强对知识的理解，学到获取知识的方法正是在动手操作的过程中形成的。如果仅给幼儿用语言讲解，而没有实际操作，只是将抽象的数字符号强加给幼儿，那么幼儿并不能很好地掌握数学概念。在数学教学中，操作活动的运用，能充分调动幼儿的各种感官，让幼儿在与材料的相互作用中，自主、独立、愉快地体验某一数学概念的属性，探索数学运算的规律，获得数学知识和技能。

一、走进数学——操作形式多样

可以让幼儿在图画欣赏中喜欢数学，让幼儿从喜欢看的画、美丽的图案和图形的组合中寻找数、量、形状等数学内容。例如：设计几幅用各种图形拼成的画面，让幼儿欣赏，引起他们的兴趣。然后设计问题，让幼儿带着问题观察思考画中图形的形状、特征、数量。接着，提供准备的材料，让幼儿自己构建画面，并让幼儿动手剪、贴、拼、画，制作出一幅美丽的图画。画面制作好后，引导幼儿说出自己运用了哪些材料，使用了哪些图形，并能说出使用图形的数量。这样，幼儿在操作活动中得到了美的熏陶，也学到数学方面的内容。

二、体验数学——操作目标具体

制定目标时，教师首先应当着眼于幼儿的发展，既包括数学认知方面的发展，也包括情感、学习品质、操作技能方面的发展，而且每个方面都有一个重点。

认知方面，主要引导幼儿学习一些浅显的数学知识和技能，初步感知生活中数学的有用和有趣，从而帮助幼儿获得有关物体形状、数量以及空间、时间等方面的感性经验，使幼儿逐步形成一些初步的数学概念，并在此基础上发展幼儿的数学思维能力与解决问题的能力。帮助幼儿获得有关数学概念感性经验的直接方法，就是通过操作来获取。例如：教师将学习5的组成的认知目标定为——引导幼儿将5个物品分成两份，启发幼儿寻找不同的分法，让儿学习用较为清楚的语言表达分与合的过程，初步体验整体与部分的关系。由于这个目标找的准确，所以操作性较强。

情感方面，包括培养幼儿对数学活动的兴趣以及参加活动的主动性和独立性。在制定目标时，主要体现层次结构。例如：首先让幼儿愿意参加数学活动，进而想操作数学活动材料，然后能按教师的要求摆放或自己创作。

三、发展数学——操作注重整体

进行操作活动要注意整体性，例如：在学习5—6以内的数量、体验数学与数量的关系时，可以采取分组活动，提供几组不同内容的操作材料，让每组幼儿轮流操作。由于每组材料是不同类型的，需要用不同的方法、材料来巩固学习相同的内容，可以进行如下设置：

1. 看数字卡片摆实物；

2. 看数字卡片印点子；

3. 看点子数量摆实物；

4. 看数字涂色。

四组材料不同，方法不同，体现的层次不同，这样遵循了针对个体面向全体的原则，也可以使所有幼儿在自己的能力范围内都得到发展。

四、感知数学——操作实效性强

不能认为幼儿动手就算操作，必须深入研究教材和幼儿实际水平，精心设计活动，注重其实效性。例如：在学习7的分合时，教师为每个幼儿准备了7个雪花片，要求幼儿先数一数共有多少雪花片，再把雪花片分成两部分，试试有多少种分法。幼儿们原本兴致勃勃地开始操作，但还未等幼儿完全分好，教师已请幼儿回答结果。这样的活动虽然让幼儿操作了，但未给幼儿提供充足的操作时间，只是走过场而已。教师进行反思后，调整了策略，准备7种物品，分成三组进行操作：

1. 按大小分，可分成1和6、6和1；

2. 按颜色分，可分成2和5、5和2；

3. 按形状分，可分成3和4、4和3。

教师让幼儿操作时，进一步提出要求，需要用语言讲述自己的操作方法，这种描述尽管只是对感性认识的描述，但它却是形成概念和判断的基础。

所以，在设计操作时，教师应紧紧围绕教学要求来规定操作程序和规则，设计操作的步骤及需要幼儿观察和思考的问题。幼儿通过比较观察，在充足的时间里尽情操作，在操作的过程中感知数学、学习数学，从而培养数学的概念。

五、丰富数学——操作重视思维

学习数学活动中，最忌讳的就是机械记忆，不会灵活运用。所学的知识，应把知识重点放在发展幼儿逻辑思维能力上，使幼儿有初步的观察比较、归类排序、判断推理以及灵活运用知识的能力。

幼儿在数学教学中掌握各项知识的顺序为：会数数、辨认图形、知顺序、知大小、会分类、写数字、学习数的组成与分解、学习数的加减法。其中，最难掌握的是数的组成与分解，以及加减法的运算。

根据幼儿学习的规律，我们充分利用操作活动来降低学习难度，提高幼儿的学习兴趣。如在学习7的加减法时，我们设置"7只小猴去旅行"的情境，内容设计如下。

1.猴子的大小不同：1只大猴，6只小猴；

2.猴子的位置不同：2只在树上，5只在树下；

3.猴子的动作不同：3只在吃香蕉，4只在吃苹果。

教师让幼儿根据观察，用数字卡片排出一道加法算式和一道减法算式，并说出理由。幼儿通过运用综合分析、抽象概括、语言表述等手段来完成这项任务，比直接的说教与死记硬背效果要好得多。

总之，动手操作是幼儿学习的重要方式之一。利用操作活动学习数学，既提高了幼儿的学习兴趣，又有利于发展幼儿的逻辑思维能力、创造力、观察力、判断推理等能力。操作活动使幼儿的个性得到了发展，为幼儿全面发展奠定了坚实的基础。

教学有法，但无定法，幼儿园数学教育也是如此。

江苏省常州市新北区魏村中心幼儿园　柴文洁

幼儿园数学教学生活化

数学是一门逻辑性很强的学科，幼儿园的数学教育对人的一生有着至关重要的影响。培养幼儿有良好的数学思维和品质，能够系统地归纳新知识，对任何学科学习和生活都是有好处的。根据幼儿的学习特点和认识规律，可进行幼儿数学的生活化教学，有效激发幼儿学习的兴趣，发展幼儿思维的灵活性、积极性、变通性，提高幼儿对数学认知的能力。寓教育于生活之中，可以让幼儿快乐地学数学，轻松地运用所学知识解决生活中遇到的数学问题，从而真正感受、体验数学的乐趣。

一、善于捕捉生活中的数学信息

数学不是脱离幼儿生活的抽象概念、定义和公式，而是从现实世界中抽象出来的、与幼儿实际生活密切相连，把数学教育融入幼儿自然的生活整体和一日生活学习中，可以让幼儿在真实的生活之中学数学。日常生活中有很多以一定的数量、形状、大小和方位存在的数学常识，教师要有一双善于观察的眼睛，在生活中找到数学素材，例如：可以引导幼儿观察花朵的种类、大小、形状、数量；引导幼儿观察树木的高矮、粗细、排列规律；引导幼儿观察房子的大小、屋顶的形状、窗户的形状、门的形状；引导幼儿观察衣服的颜色、图案……这样，幼儿会更有学习的兴趣。

通过日常生活中感知数学的存在，能使幼儿亲身体验到学习数学是那么地自然、轻松和有趣，并不是枯燥无味的。利用生活素材，引导幼儿在有意无意间感受生活中的数学信息，这样的学习方式符合幼儿的年龄特点，易唤起幼儿亲近数学的情感，为幼儿学数学积累了丰富的感性经验，奠定了数学学习的扎实基础。

二、巧妙利用生活中的数学材料

生活中很多自然物和废旧材料都可以成为幼儿学习数学的材料，如树叶、石子、豆子、废弃的饮料罐等。可以运用石子进行分类、间隔排序等练习，还可以运用豆子制作豆子粘贴画，然后数一数用了几种不同的豆子种类，同时认知不同豆子的大小。这样，不但有助于幼儿动手能力的提高，而且让幼儿在动手实践的过程中学习了排序、数数等数学知识，巩固了数学基础。在这种生活化材料的操作摆弄中，幼儿摆脱了传统学习数学的任务压力，从中体验了数学的乐趣，积累了数学经验。这就要求教师要立足幼儿的生活实际，紧密联系幼儿的生活来展开数学教学。

生活中的很多材料也可以加工成数学教具。如在"给小动物喂食"活动中，我们把废旧的可乐瓶子装饰成小动物的形象，并贴有数量或点子标记。然后在饮料瓶上面挖一个开口，做成小动物的嘴巴，幼儿要根据瓶子上的数量给小动物的嘴巴里喂饭，潜移默化中掌握了基本的数量关系。由于选取的这些材料是贴近幼儿生活的，所以对幼儿的学习来说就格外生动而有意义。幼儿在操作这些教具的过程中自主学习，充分发挥了学习的主动性。

三、大胆实践生活化的情境教学

在数学教学过程中，我们以模拟的方式再现生活情境，将数学知识融入其中，让幼儿在假想的生活情境中学习数学，使得幼儿学习起来更感轻松、自然和真实。如在"学习顺数、倒数"的活动中，我们通过幼儿"搭建楼梯"的操作活动，让幼儿感知楼梯从低到高或从高到低的变化，从而感知并发现顺数、倒数的规律。

四、经验迁移，解决生活中的数学问题

在幼儿经历了实践、认识、反思，积累了一定的数学经验以后，锻炼提高他们运用数学知识解决实际问题的能力就成了必然。如午餐分发碗筷、点心时，邀请幼儿帮助一起分发，幼儿需要掌握碗筷、点心的数量，了解碗筷、点心与幼儿之间的数量关系，才能更好地完成任务；或者引导幼儿摆放桌椅，幼儿在摆放的过程中会掌握桌椅的数量以及组成；再或者在幼儿吃饼干时，让幼儿观察饼干的形状，幼儿会发现饼干的形状不仅有三角形、正方形、圆形，还有不规则形状的，幼儿觉得有趣，对形状的认识也有了更深的了解。又如在幼儿学习了水的多少与容器的大小后，我们准备了高低不同、粗细相同，或高低相同、粗细不同，或材料不同的各种容器，让幼儿自助选择容器进行"运水"比赛，看哪组小朋友先运完规定量的水，活动结束后再分析运水快慢的原因。通过这次活动，幼儿不仅加深了运水量与容器大小的关系的理解，还了解到不同材料所能承受的力不一样，在这样的活动中激发了幼儿学习的内在动机，培养了幼儿学习数学的兴趣。

幼儿的思维是具体形象的，他们一般借助于事物在头脑中的形象来思维。单纯地向幼儿传授讲解，既不能获得较好的教学效果，又不利于发展幼儿的思维能力。《纲要》明确指出数学教学的目标是："能从生活和游戏中感受实物的数量关系并体验到数学的重要和有趣。"数学来源于生活实践，也应用于生活实践，幼儿周围的环境及日常生活中有取之不尽、用之不竭的数学材料，教师应充分利用环境，巧妙地渗透生活中的数学知识，既能使幼儿轻松、自然地获得数学知识和生活经验，又能让幼儿随时随地感受生活中数学的有趣和有用。

山东省滨州市滨城区教育实验东方红园　郑晓燕

社会领域

融品德教育于幼儿一日活动中

《幼儿园保育教育质量评估指南》(以下简称《评估指南》)以"立德树人"为根本任务。儿童是未来的希望,然而,当下往往更偏向于重视智力的开发,而忽视了品德教育。《评估指南》的基本原则是"为党育人、为国育才",突出了"品德启蒙",这些都促使我们进一步思考如何以儿童的方式进行品德教育。

所谓儿童的方式,就是要坚持儿童立场、尊重儿童本位、落实儿童优先的原则,使品德教育变得有童趣、有策略、有实效,从而促进儿童品德教育质量的提升。

一、以美好的方式种下品德启蒙的种子

品德教育比较抽象,幼儿学习起来不易理解,可以借助文学、艺术、影像等载体,通过有趣的故事、直观的形象,让幼儿在阅读、观赏的过程中受到熏陶,为幼儿种下品德启蒙的种子。

1.用文学之美、艺术之美来播种"和谐"的种子

在建构游戏中,佳佳转身时裙子碰到了琪琪搭的积木,积木一下子倒了下来。于是琪琪抓住佳佳说:"你把我的房子弄倒了!"佳佳看了看说:"对不起。"结果琪琪恶狠狠地说:"有关系!"说完便伸手把佳佳"房子的屋顶"一推,佳佳瞬间就哭了!

我们常常教育幼儿当别人说"对不起"的时候要有礼貌地说"没关系",但很多时候幼儿并不能内心平静地接受别人的道歉并选择

谅解。

美好生活从宽容开始，我们和幼儿一起开展了"宽容日"主题教育：和幼儿一起阅读关于宽容的绘本《猫狗之间》，用儿童文学之美帮助幼儿理解宽容的含义；结合生活经验，针对"如果别人不小心妨碍了你，你怎么办"展开讨论；在音乐区表演《拉拉勾》，用艺术表演之美帮助幼儿体验约定和好朋友不再吵架的方式；在美术区引导幼儿绘制"宽容卡"，用美术创意之美帮助幼儿感受好朋友之间互送礼物、互相原谅的感动，帮助幼儿学会运用彼此拥抱来消解不愉快。

2.用文化之美、影像之美来播种"爱国"的种子

金秋十月，迎来了举国欢庆的国庆节。在体验热闹节日的同时，也激起了幼儿了解自己祖国的愿望："为什么会有国庆节？""我们的祖国到底有多大？""中国有哪些有名的地方？"……借助这个契机，我们开展了一系列的相关活动，例如：我们和幼儿一起收集"美丽的丝绸""漂亮的青花瓷"等，举办小小博览会，让幼儿在欣赏的过程中感受传统文化之美；和幼儿一起寻访四大发明的前世今生，让幼儿赞叹古人的聪明勤劳；和幼儿一起收集各地名胜古迹的图片及各地特产，让幼儿感受到祖国的地大物博；和幼儿一起观赏京剧、绘制京剧脸谱，让幼儿体验中华国粹的精髓；和幼儿一起观看采茶的景象、茶叶的制作过程，开展"茶室游戏"，让幼儿领略中国茶文化；和幼儿一起了解汉字的演变、玩汉字与甲骨文配对游戏、认识自己的名字，让幼儿体会汉字的魅力；和幼儿一起查阅少数名族资料、欣赏民族服装、表演少数民族歌舞、品尝少数民族食物，让幼儿感悟祖国大家庭成员的风采。

二、以游戏的方式培育品德启蒙的种子

游戏是幼儿最喜欢的活动，爱玩是幼儿的天性。幼儿的学习特点是在"玩中学"，教师应充分把握这一特点，结合好玩的游戏，让幼儿在游戏中学习文明礼仪、社会规则，从而践行品德教育。

1. 尊重幼儿的兴趣，培育"文明"的种子

小班洗手时，幼儿们最喜欢在盥洗室逗留，反复涂肥皂、玩肥皂泡泡、不停开关水龙头、在水池里来来回回划水……有的幼儿还特别喜欢用一只小手按住水龙头出水口，看着水花四溅，还会笑着说："看，喷水啦！"有时还会用另一只小手在射出的水花旁边上上下下晃动，让水花断断续续的，然后旁边的小伙伴都大声嚷起来："老师，老师，看，下大雨啦！"于是，地上一片水渍、水池上一片水渍……

洗手是一日活动中不可或缺的环节，而幼儿在洗手的过程中因为喜欢玩游戏、因为好奇而表现出来的浪费水资源的行为，则促使我们思考如何在尊重幼儿兴趣的基础上，以游戏的方式开展教育，培养幼儿的文明行为。我们倾听幼儿的想法，在和幼儿的谈话中收集、掌握信息，然后针对幼儿的兴趣，开展了"七步洗手怎么做""多样的肥皂、洗手液""我制作的漂亮肥皂""肥皂和洗手液的泡泡游戏"等一系列活动，以游戏的方式帮助幼儿建立了洗手时不玩肥皂、节约用水的文明意识，并逐步形成了有序排队洗手的文明行为。

2. 尊重幼儿的学习方式和特点，培育"平等、公正"的种子

幼儿由于年龄小、以自我为中心、社会交往经验少等原因，一日活动中经常会出现争抢、吵架、打闹等行为，多数幼儿会跟老师"哭诉"自己的委屈。幼儿的学习是以直接经验为基础，通过直接感知、实际操作和亲身体验来实现的。我们通过让幼儿了解猜拳游戏"石头剪子布"的规则和应用，当幼儿们需要选出谁先谁后、谁赢谁输的时候，他们就会主动地玩猜拳游戏，通过公平、公正的方式解决纠纷和矛盾。

三、以生活的方式浇灌品德教育的种子

幼儿教育的核心理念是"一日生活皆课程"，《评估指南》指出"要珍视儿童生活的独特价值"，而陶行知先生也曾说过"生活无时不含有教育的意义，到处是生活，即到处是教育"。

1.基于幼儿对生活的认识与再现，浇灌"友善"的种子

刚入园的小班新生在进入幼儿园后，从家庭独特的"团宠"地位走向社会，成为集体中的一员，他们不知道如何与人相处，不知道怎么认识新朋友，常常用咬人、打人的方式表达诉求。如何在幼小的心灵中播下"友善"的种子，是我们需要思考的。于是，我们根据小班幼儿的生活经验，开启了"甜甜的问候"之旅。我们和幼儿一起阅读绘本《你好》，学习简单的问候语来与人打招呼。我们在教室的各个角落摆放不同国家、不同问候方式的图片，和幼儿们一起模仿、一起学习各种问候方式：有拥抱、有鞠躬、有挥手、有亲吻脸颊、有碰鼻子、有握手……让友善的问候渗透在一日生活中。我们还在"娃娃家"提供了电话机玩具，让幼儿互相打电话问候，友善地表达对同伴的喜爱。当班上有幼儿生病几天没来，我们会和幼儿一起与生病的幼儿进行视频聊天，通过网络视频帮助幼儿传达对朋友的关心和慰问。我们立足小班幼儿已有的生活经验，积极拓展，利用绘本、环境、游戏、现代信息技术等资源，在一个拥抱、一声问候、一通电话、一串微笑中让幼儿们进一步拓展生活经验，体验"友善"所带来的温暖。

2.基于对幼儿生活的拓展与公共安全意识的萌芽，浇灌"法治"的种子

"法治"对于儿童来讲似乎很高深，也很难懂。但从培养未来人的角度、从培养儿童未来力的角度看，从小培养幼儿法治意识是培养公民法治意识与素养的奠基工程。

大班幼儿在"小鼹鼠过生日"语言活动中，了解到小鼹鼠开车时没有注意看交通标志而发生了一些事故，引发了"交通标记有哪些""各种不同的交通标记都表示什么意思""警察叔叔平时是怎么指挥交通的"等一系列问题。同时，大班幼儿即将升入小学，独自穿越马路、独自活动的机会增多了，虽然对交通安全方面的知识略知一二，但对交通事故引发的危害程度了解不够。因此，我们结合"交通安全日"开展主题活动，让幼儿和老师、父母一起调查有哪些不遵守交通

法规的行为，探索交通安全标志与人们生活的密切关系，了解交通警察在马路上指挥交通时所做的手势，跟警察叔叔学习一些简单的指挥交通的动作手势。我们还和幼儿一起在棋类游戏区自制了交通棋，根据交通标志提示及自身掌握的交通知识，制定交通棋游戏规则。在日常活动中，我们更是发挥环境的隐形教育作用，在活动室、午睡室、盥洗室等的出入口、地面、墙面，甚至是班级公约栏等，都由幼儿自己贴上了亲手设计的各种安全提示标志，使得幼儿在一日生活的各个环节都获得学习和发展的机会，初步养成了自觉遵守交通法规的意识，提高了自我安全防护能力，"法治"的小种子正在幼儿心灵深处渐渐萌芽。

江苏省无锡市通江实验幼儿园 李烨

以绘本为载体进行感恩教育

感恩是美德，是中华民族需要传承的优良传统，但当前幼儿所接受的感恩熏陶和教育却不容乐观。众星捧月的地位，家长重智轻德的教育理念，使幼儿受恩而不懂得感恩。应运用什么教育方式，对幼儿进行有目的、有方向的感恩教育呢？蕴含感恩元素的绘本就有很好的教育价值。它有丰富的内涵，图与图之间呈现独特的叙事关系，将其语言、情感、思想毫不保留地传递给幼儿，情节简单明了，却"有血有肉"，易引起共鸣。基于此核心价值，我们从"绘"说——分享感恩情理、"绘"学——拓展感恩内涵、"绘"解——深化感恩理念几个角度出发，以此为策，感恩践行。

一、"绘"说——分享感恩情理

"绘说"——分享感恩情理，就是围绕绘本进行故事讲述、故事绘制、故事创编等，让幼儿通过理解故事，强化感恩意识。

1. "绘"言趣语——动之以情

兴趣是最好的老师，以趣引情，最能打开幼儿的心灵。以此为切入点，我们创设"动情绘本录"家长讲述活动：找出一系列幼儿感兴趣并含带培养感恩情怀的绘本，让幼儿带回家，请家长声情并茂地讲述故事并录音，要求家长在最后进行总结，阐述故事的道理、教育的意义。教师则在幼儿在园每天午睡前15分钟进行录音故事播放。如此反复循环，幼儿每天听着家长讲述的感人故事入睡，温暖备至，逐渐得以熏陶，在潜移默化中根据结果和体验的性质来调整自己的行为，产生同化效应，继而强化感恩意识。

2."绘"言趣画——晓之以理

《指南》指出，社会态度和社会情感的习得，往往不是教师直接"讲"的结果，幼儿主要是通过在实际生活和活动中积累有关的经验和体验学习的。此处的晓之以理对幼儿而言并非纯粹的"讲"理，而是让幼儿在受恩、知恩的体验中，知晓恩情，以"理"相报。例如，在班级走廊的墙面上，我们创设"感恩大回馈，实践在我行"主题栏，内容分为两栏，一栏是幼儿将自己熟悉的绘本，围绕故事知恩的核心点以绘画的方式呈现出来；另一栏是幼儿将绘本故事拓展、延伸或者联系自我，围绕报恩创设主题内容进行绘画展现。明恩情解情理，让幼儿明白他人给予恩情的目的意义，又应该以怎样的心态接受。动之以情，晓之以理，才能使感恩教育达到事半功倍的效果。

二、"绘"学——拓展感恩内涵

"感恩文化"蕴含多方面的内容，有助于促进幼儿社会化的进程，对幼儿今后的学习和整个人生的发展都将产生积极的影响。当我们审视今天的教育时，更应该清楚地意识到感恩教育应成为教育主题环节中一个重要、核心的元素。

1.融"绘"贯通——渗透主题教学

绘本本身蕴含着丰富的感恩之情与优秀文化品质，处处散发出恩情文化的强大魅力。在阅读绘本的基础上延伸出多领域、多学科的教学活动，可以使幼儿发展的主体性、整体性得以实现，可以让幼儿获得浸染与熏陶。基于此，要多角度收集梳理感恩教育的绘本，整合到一日教学活动中。例如，在主题"大中国"开展过程中，我们把绘本《纪念碑下的小花》制作成动态视频让幼儿观看，具体形象的动画情节深入幼儿内心，启发幼儿明白幸福的来之不易。而后我们在语言区投放这个纸质绘本，并制作好故事中出现的人物头饰，让幼儿们积极学习和演绎。我们还让绘本故事漂流，引导幼儿与主题墙互动，将自己对绘本故事的理解以喜欢的方式呈现在"大中国"主题墙的"感恩互动版面"上，让幼儿在一日活动环节中时时可以有"感"而发。

当绘本内容融入主题教学中，要把握好这个重要资源，设计出适合当前主题的教学形式，让幼儿更为有效地学习感恩教育。

2.童言"绘"色——激荡节日故事

节日是人类日常生活中的精华，挖掘适合的绘本，有目的、有选择地把感恩教育融入节日活动中去，可以激发幼儿对生活的美好情感和感激之情，让感恩教育别有风味。例如，在节日期间，我们设计"感恩有你，家幼同乐"绘本剧亲子表演活动，让幼儿走进绘本之中成为故事的主人公，让他们为此识恩、为此感到快乐。以绘本表演为基础，举一反三，引导幼儿愿为家人献上不同精彩的节目、各种形式的问候以及不同言语的祝福，等等。活动后，师幼共同制作节日版面的"童心感恩"专栏，将节日中活动的照片（绘图）制作成"绘本集"放入专栏中。当不同的人前来欣赏时，幼儿可以自豪地介绍他们的作品内容，这些都持久地感染和激发着幼儿识恩、知恩的真情实感和实际行动。

绘本剧的演绎是幼儿与作品以及作品中的角色心灵互通、情感共鸣的过程。让幼儿通过表演深切感受到他人给予的浓浓情意，让幼儿的感恩意识和感恩行动得到进一步升华，这也是实现幼儿深度学习和综合能力发展的过程。与此同时，幼儿在深度学习的过程中也自然而然地感受到中华传统美德的独特魅力，了解到相关的文化知识和文化内涵。

三、"绘"解——深化感恩理念

"绘"解——深化感恩理念，更多地是利用家长资源，扩宽感恩教育的途径，通过家园合作强化幼儿的感恩意识。

1. 家园互动——智慧"予理"

沙龙、讲座等活动越来越受家长的欢迎。在沙龙里传播信息、分析问题，从高谈阔论中吸取富于智慧的教育、分享教育价值理念，给"完整儿童"的探讨创造了一个公开、舒适的交流平台，给家长打造了一个了解儿童观的窗口，可以促进家园核心目标的发展。例如，在引领感恩绘本阅读中，我们为家长开设《让感恩阅读走进幼儿的心》为专题的沙龙活动，内容涉及情感绘本的介绍、对智育和德育的培养走向、以绘本为媒介融入感恩品质培养的意义，等等。通过讨论，能让家长体会到感恩题材绘本的利用价值，能让幼儿在阅读中不仅分享来自识恩的信息，也会将自己的施恩经验贡献给他人。最后通过交流和分享，解读活动的关键理念，使家长明白这个时期对幼儿进行感恩启蒙教育，对幼儿今后的学习和整个人生的发展都将产生积极的影响，尤其对幼儿的个性、社会性及道德品质的发展具有重要意义。

2. 家园互动——情感"予德"

在每一个主题活动时，我们都配合开展"感恩长辈，孝星联动"活动，要求家长每周为幼儿讲一个关于感恩的绘本故事，并要求幼儿能复述，以不同的形式感恩践行。我们还会发放"感恩小孝星"评价表，要求每个星期反馈一次。通过家长的记录与评价，评选"感恩明星"，表扬、鼓励在家中表现好的幼儿，给其他幼儿树立榜样。

随着绘本故事的长久领引，幼儿的感恩情怀不断成长，家长的观念发生转变，德育不再是"长大以后的事"，对幼儿而言，更多的情感体验促使他们更积极地去表现。

浙江省海宁市许村镇联心幼儿园 程华

多途径培养幼儿关爱品质

关爱品质是一种道德品质，它是个人心理对某一事物的注意，也是人对外界人、事、物进行理性的、情感的选择与侧重。关爱是一种综合品质，它实质是让幼儿学会生存、学会学习、学会做人。当今幼儿优越的生活条件让他们逐渐忽视了身边的人、事、物，过分地关注自我。我们需要用多种渠道唤起幼儿的情感感受，体验生活的真、善、美。

那么，如何让幼儿更好地理解被爱与施爱，理解接受与付出？我们做了以下尝试。

一、用民主、尊重的态度满足幼儿关爱情感的需要

《纲要》指出，教师要以关怀、接纳、尊重的态度和幼儿交往，耐心倾听、注重互动，营造良好环境氛围，努力走进幼儿心灵，了解幼儿的情感需要，让他们充分体验爱的情感。在成人的关怀、肯定、引导下，使幼儿充分体验到被爱的满足与幸福，产生爱他人的心理需求。这就要求教师以一种平和的心态尊重、善待每一位幼儿。我们要学会包容幼儿出现的这样或者那样的失误和错误，不要抓住幼儿的缺点不放，而是要和幼儿在平等、和睦的氛围中找到问题的原因，帮助幼儿明确方向、认识是非、学会理解。

教学不是传授知识的过程，而是创造机会让幼儿自主探究的过程。教学不是一种对确定性的追求，相反教师在教学中要把抽象的知

识具体化、把清晰的事实模糊化，从确定中寻找不确定性，并从中生成可以探究的问题。值得一提的是，在很多预设环节中，往往会有一些我们意想不到的事情发生。教师既要按教育、教学的规律办事，又必须有相当的灵活性，能够以时间、地点和条件为转移。万变不离其宗的教育法则要求我们灵活机动地应对教育教学中出现的各种状况。如在一次中班语言的延伸活动中，幼儿们将我们学过的《三只蝴蝶》故事进行表演，表演到三分之二时，正当底下的观众小朋友也看得聚精会神之际，扮演"黄花"的乐乐小朋友更改了原来的剧情，这让其他表演的幼儿以及观看表演的幼儿都感到不满。教师没有急着做出评价，而是请乐乐说出理由。原来，他觉得三只蝴蝶在大雨里飞来飞去太可怜了，想帮助它们。听了乐乐的阐述，其他幼儿表现得不再那么激烈，但仍然责怪乐乐私自更改情节。于是，我们组织了小小的讨论会，通过民主讨论让事情有个圆满的结局。最后，大家在协商中接受了乐乐的爱心行为。

我们常说"顺导其志意"，前提就是尊重，尊重是教育的第一原则。当老师学会尊重和聆听幼儿心声的时候，会发现幼儿内心的情感体验。学会尊重、懂得聆听、赢得互动，相信这样的关爱情感来得更为真挚、更加持久……

二、用开放、务实的方式提高幼儿关爱情感的能力

《纲要》指出，寓教育于生活之中，情感教育同样如此，它并不是空洞的说教，而是在现实生活中潜移默化影响着幼儿的。教师应通过生活环境的利用、控制、优化，有效地促进幼儿的发展，在幼儿已有感受的基础上进行移情训练，提高幼儿表达情感的能力。我们要充分利用幼儿日常活动中的情境，教育幼儿关心他人、帮助他人。对周围的人、事、物充满激情是关爱品质的一种表现，这种热情不仅点燃了人与人之间的关心，也是关心成长、持续滋润的营养液。它能使幼儿感受美好的生活，在失败后站起，在被爱时学会感恩。

我们会利用晨间谈话、生活中的点滴时间鼓励幼儿关心周围发生的事情。也会在散步、观察等活动中，引导幼儿观察事物，发现事物的美。通过"观察—体验—表达—感悟"，帮助幼儿在学会接受的同时，感受付出的重要性，知道学会关心、关爱是一件幸福的事情。

我们还开展了"娃娃过节"系列活动。它抛开了一些传统的理念，把幼儿作为主体感受周围真情、真意的一切。如针对年龄比较小的小班幼儿，我们开展了制作"爱心南瓜饼"的活动，在老师、保育员的协作下，每个幼儿都亲手制作了南瓜饼。我们还为他们进行了礼品小袋的包装，让每个幼儿在放学后将南瓜饼亲手送给关心他们的人（爷爷、奶奶、爸爸、妈妈……），然后给关爱自己的人一个拥抱，感受亲情的浓郁。一份南瓜饼让爱的情感在幼儿、家长、园所间传递、流淌……

考虑到大班幼儿即将毕业离开幼儿园，为了给幼儿一个美好的回忆，我们在"惊喜留念盒"主题活动中，利用平时积累的废旧纸盒，让幼儿人手一份自己装饰，然后将在幼儿园点点滴滴的成长代表物收集在这个小盒子里。幼儿们开启记忆之门的同时，也在收集无处不在的爱：有同伴的友爱（幼儿们收集了同伴以往送的小礼物，或一起游戏的照片）、师生的关爱（老师的画像）……零零碎碎的小东西包含了幼儿对幼儿园的无限留念，同时也包含了幼儿对关心过自己的人的感恩。

三、用倾听、分享的行为丰富幼儿关爱情感的体验

在活动中，我们注重用故事教育幼儿，故事中的形象非常富有感染力。有一套《暖暖心》的系列绘本，就非常受幼儿的欢迎。故事常常从生活中一个平常的事情，激发幼儿关爱他人的品质。比如绘本《大熊有个小麻烦》，让幼儿懂得有的时候别人的需要不是让你不断地送给她礼物，一个问候或者耐心地倾听都是很温暖的礼物。

娃娃家是幼儿们喜欢的游戏，在一次"娃娃家"的活动中，娃娃

家的"爸爸""妈妈"突然发现自己家的"宝宝"发烧了，需要送医院。就在"妈妈"抱起"宝宝"准备走时，在一旁的"爸爸"拿了条毯子给"宝宝"盖上了。虽然是一个很细小的动作，但里面包含了很多情感。在游戏后的点评中，扮演"爸爸"的幼儿给大家分享了自己生病的经历。他将生活经验进行了迁移，让爱的情感渗透到了游戏之中，让大家一同来感受这份看似很小却包含很多的情感体验，一起感受关爱的幸福。

江苏省苏州工业园区新加花园幼儿园 蔡洁

劳动养成教育促幼儿社会性发展

《指南》提出，鼓励幼儿做力所能及的事情，对幼儿的尝试与努力给予肯定，不因做不好或做得慢而包办代替。指导幼儿学习和掌握生活自理的基本方法，提供有利于幼儿生活自理的条件。《纲要》指出，要培养幼儿的生活卫生习惯和基本的生活自理能力。培养幼儿对劳动者的热爱和劳动成果的尊重。3—6岁是幼儿情感、态度形成的关键期，这个阶段如果有目的、有计划地对幼儿进行劳动教育启蒙，让幼儿的成长和生活紧密联系，在萌发劳动教育中进行幼儿力所能及的自理能力、动手操作、自我服务等方面的学习引导，可以激发幼儿积极参与劳动的情感和意识，培养幼儿养成爱劳动的习惯。

课程作为幼儿园教育教学的核心部分，是实现育人目标的关键渠道，也是劳动教育的重要实施途径和载体。我们发现，目前很多幼儿园都有劳动教育的意识和部分行为，但是大都停留在浅表的认识和活动里，未开展较为全面和系统的劳育活动。我们尝试将劳育活动融入课程，以"全儿童"理念指引，达到通过劳育主题活动促进幼儿全面发展的目的。

一、种养植劳育课程

为了让幼儿园劳动教育落到实处，让种植活动融入幼儿日常的教育教学，让种植活动促进幼儿全面发展，我们根据幼儿年龄段的不同，以"全收获"理念开展全面的种植活动，让种植活动从表浅到纵深开展，让种植活动与游戏相结合。整个活动让幼儿全程参与、亲自实践，凡是幼儿能完成的老师绝不代劳，培养幼儿积极动手的劳动习惯和劳动能力。当种植的作物收获时，让幼儿亲自采摘，用品尝美味及售卖果实的方式感受收获的快乐。幼儿通过感受种植活动的辛苦，进而萌发对劳动及劳动者的尊重和热爱，愿意积极地参加劳动活动，学会珍惜粮食。我们还利用园区修剪的树枝给番茄搭架子，幼儿在实际操作里学会绑结，学会用工具插树枝，也学会了合作，积极发挥主人翁意识。

养殖方面，小朋友选择了自己喜欢的兔子、蝴蝶、蚕宝宝等进行饲养。在养育兔子的过程里，幼儿要坚持每天去喂养小兔子，培养了责任意识与合作意识。在饲养蚕宝宝的过程里，从观察蚕蛾妈妈孵化到蚕蚁、幼蚕、成虫的过程中，幼儿需要用多种方式寻找蚕宝宝的食物、为蚕宝宝搭房子等，有了很多极具价值的"蚕宝宝抢救记""蚕宝宝搬家记"等实践经历，促使幼儿对生命有了更深刻的认识，学会了尊重生命、热爱生命、珍惜生命。

二、烹饪劳育课程

根据各个班级的年龄特点，我们因时制宜设计班级烹饪活动内容。小班选择幼儿熟悉的水果、蔬菜等原材料，以幼儿喜欢的口感为主，从认识水果、蔬菜的各种特征（外部、内部）开始，再到用各种水果蔬菜烹饪美食，提升了幼儿的烹饪兴趣，也让幼儿在烹饪活动里找到自信，进而更加乐意积极参加劳育活动。到了中班，我们以幼儿喜欢的面食为主要材料，以"香香的饼"和"美味的饺子"为主题，结合我国传统节日开展相关系列活动，让幼儿在提高生活能力和动手实践能力的同时，感受传统节日的魅力。到了大班，幼儿的小肌肉群的灵活性得到了飞速的发展，我们增加削皮、打蛋、搅拌的技能学习，且鼓励幼儿独立操作，体会劳动创造的幸福感。

三、手工制作劳育课程

手工制作主要以废旧制作、扎染、针线等活动为主。废旧制作活动中，我们鼓励幼儿收集废旧材料，大胆发挥自己的想象制作各种生活用品，培养环保意识。扎染活动中，幼儿从了解扎染艺术到动手染纸、染布，再结合各种材料进行服装的裁剪缝制，培养幼儿对我国民俗的兴趣。针线活动方面，由最初的认识针线—练习穿针、打结—不同针法的练习—绣各种图案，由易到难，由单个图形到组合图形，再到自由创作，锻炼了不同年龄幼儿的各种能力。如小班以"穿"为主的手工活动，锻炼幼儿的手眼协调能力以及手指小肌肉灵活性；中班以"线"为主要操作材料，通过缠绕小型的玻璃瓶罐，让幼儿学习基本的缠绕方法，后期增加难度；大班以编织和刺绣为主题，让幼儿了解编织分为竹编、藤编、柳编、草编，掌握编辫、经纬、盯串、盘结等方法，提高了幼儿的动手能力。

四、游戏中的劳动教育

游戏一直是幼儿学习的最佳方式，游戏能够使劳动教育过程更加有趣、生动、愉悦，让幼儿在游戏中体验到劳动的成就感，让幼儿在游戏里增进对劳动的认知和热爱。

幼儿的自我服务技能是需要长期练习的，我们鼓励幼儿利用区域游戏的材料进行小肌肉群的练习，提高手的灵活性。比如：投放"给七星瓢虫扣纽扣""给小鸭子拉拉链""给小动物喂食""给刺猬夹果子""穿线板迷宫""巧手剪一剪"等材料，帮助幼儿练习扣纽扣、拉拉链、用勺子喂食、用夹子、用手穿线、剪纸等技能，发展幼儿自我服务所需要的手指灵活性及技能。

角色游戏一直深受幼儿喜爱，我们鼓励幼儿在角色扮演中结合实际生活，模仿家长做饭、洗碗、扫地、拖地、洗水果、擦家具、擦地、喂娃娃、给娃娃洗澡、给娃娃穿衣服等活动。幼儿在扮演的游戏活动中，不仅学会并巩固了系扣子、一口一口地吃饭、用抹布擦小椅子等劳动技能，更在游戏里内化了这样的劳动习惯。

五、家园共育中的劳动教育

我们以家长会、家长沙龙、家园联系手册等多种形式更新家长科学育儿观，发挥家园共育在劳动教育中的协调作用，带领家长了解关于幼儿劳动教育的相关信息，日常给予家长可行性指导方法，引导家长在家庭教育的过程中有意识地培养幼儿的劳动意识和技能，促进家长实现观念到实践的积极转变。

我们鼓励家庭以家庭劳动为支点，从幼儿自我服务、为家人服务，到积极参与家庭劳动、社会服务，如收拾整理、简单的烹饪、家庭种养殖、走进小区做志愿服务（垃圾分类）、走入社会积极参加各种职业体验（采茶、磨豆浆）等方式，促进幼儿劳动能力的提高。也有很多家庭把亲子劳动列入家庭假期计划，如周末的亲子大扫除，让幼儿感受劳动的艰辛，从小树立起珍惜劳动成果的良好品质。

四川省成都高新区和美实验幼儿园　刘冬梅

户外娃娃家促幼儿社会性发展

小班幼儿年龄小、情绪波动大，易受环境的刺激和影响，而且在情感上有较大的依赖性，因此娃娃家游戏对小班的幼儿来说有着较大的教育价值。以往开设的娃娃家游戏考虑到环境可控、开展便利等多方面因素，大多数是设置在室内进行的。随着娃娃家游戏的深入开展，幼儿逐渐不满足于现有的游戏环境。室内娃娃家投放的材料材质为塑料居多，方便清洗、消毒，但这样的材料远离自然、缺乏野趣、玩法局限，幼儿之间的互动交往也较为浅显，他们会很快地对其丧失兴趣，原本乐趣无穷、全身心投入的"扮家家"也变成为了游戏而游戏。

随着幼儿园对游戏活动的深入研究，室外资源被充分挖掘，户外游戏能更有利地发挥幼儿的能动性，为幼儿的社会性发展打下扎实的基础。

为了让幼儿真正成为游戏的主人，给幼儿自由自主的交往互动空间，我们和幼儿商讨把娃娃家搬到户外。当幼儿走出教室，来到室外，他们将接收到更多的信息和刺激，在游戏中自然而然地产生新情境，并相互交流、分享，碰撞出新的火花，届时自然、童趣、轻灵就是户外游戏的代名词。

一、打破室内外界线，娃娃家扮出精彩

《纲要》指出，提供丰富、可操作的材料，为每个幼儿都能运用

多种感官、多种方式进行探索提供活动的条件。适宜多样的游戏材料，能让幼儿选择最有效的方式表达自己的想法，在与同伴的交互中获得更优越的社会性能力发展。树叶、树枝、掉落的花瓣、松散的土块……户外的一切自然物都是最真实的游戏材料，多层次、低结构的自然材料能最大限度激发幼儿的兴趣，带来感官上的刺激，使幼儿主观能动地探索自然材料的玩法。比如：地上的花瓣、树叶，可以当"食物"；方形的石块、砖块，可以搭出"灶台"；地上的碎石子被当作"调料"；收集来的松果、玉米叶，串在绳子上可以做成"门帘"或"风铃"；等等。一个个异彩纷呈的游戏情景在他们的手中呈现，他们自主分工、相互帮助，天马行空的想象力在幼儿们携手合作下逐渐变成现实，亲密无间的关系和情感在其中诞生与转变，幼儿的社会性自然而然得到提升。

种类丰富又独具特色的自然物给幼儿们带去了更多新奇的创意，平坦开阔的室外空间让幼儿们能够大展身手。妙趣横生的自然物搭配收集来的低结构生活材料让幼儿的选择更开放。大大小小的锅铲任"妈妈"挑选；麻绳绑在树中间可以悬挂物品；细长的竹子绑在一起变成晾衣架；闲置的奶粉罐变身小凳子；明亮鲜艳的布料经过裁剪变成了被子、桌布、窗帘……幼儿们在自己亲手布置的家中辛勤忙碌，体会着劳动的辛苦和快乐。他们兴趣盎然、全神贯注，从中获得更丰富的人际交往经验。这样的环境布置贴近生活，能潜在地熏陶幼儿的思想观念，正向推动游戏情节进一步发展，产生更多互动，真正提高幼儿的社会性思维发展水平。

二、注意投放材料，保持游戏积极性

《纲要》指出，要结合和利用生活经验，帮助幼儿认识自然环境，初步了解自然与自己生活的关系。因此户外游戏的材料要精心准备，不仅要依据幼儿的需要，还要具有可操作性。而娃娃家游戏中充斥着许多高结构材料，不够开放，这些材料限制了幼儿的创造力，不能改变的形态和固定不变的用法让幼儿的游戏内容更显单调乏味，长时间下来幼儿的游戏会变得僵硬、枯燥，幼儿的兴趣也逐步递减。比如在户外娃娃家初期，我们投放了许多不织布制作的蔬菜水果和塑料小刀，供幼儿切菜烧饭。幼儿们拿到这样的材料后，在操作时只能按照步骤一板一眼地切菜，没有真实的触感，幼儿之间没有真实地互动。又比如为了娃娃家周围环境更加温馨，我们投放了许多塑料门帘，幼儿们可以选择将门帘挂在娃娃家周围。但经过一段时间发现，这些门帘对幼儿之间交往的推动作用并不大。随着游戏一次次地开展，幼儿也将这些门帘忘在脑后。

1. 投放多层次的材料

户外游戏中最特别的一点就是幼儿可以取之自然、用之自然，大自然的一切都可以成为幼儿手中的玩具，所以户外娃娃家的材料投放要有所革新，区别于室内游戏的材料，应尽量减少高控的现成材料，多为幼儿提供丰富多样、多层次的低结构材料，既要数量上的丰富，又要玩法上的多样，避免幼儿因材料不够而争抢吵架。

幼儿眼中的世界是绚丽夺目又千变万化的，一个普普通通的物体在他们的眼中可能蕴含着一个宇宙。树枝可以是筷子，是面条，是魔杖；布料既是床单又是披风；圆罐能当椅子也能做奶瓶……低结构材料可操作性强、用途广泛，更能引发幼儿对游戏的创想，经过幼儿的随意组合和创作，达到一物多用的效果。多元的低结构材料，能满足幼儿创造的任何游戏情景，帮助幼儿推动游戏进展，也为幼儿之间的情景互动提供了更多的可能性。

2. 投放安全的材料

小班幼儿活泼好动、好奇心强，但同时又缺乏自我保护意识，当他们遇到感兴趣的物体时，会用各种方法去探索，很有可能会无意识地伤害到自己。为了防止安全事故的发生，教师要提供安全无害的游戏材料供幼儿玩耍，户外游戏应该更加注重游戏中的卫生。大自然中隐藏着许多有害的细菌和病毒，教师应该携带好清洁工具，及时帮助幼儿清理身体，并定期对材料箱进行消毒，为幼儿的游戏交往提供后勤保障。

3.投放便于收纳的材料

小班幼儿生活自理能力弱，每次游戏后的材料整理是一个很好的锻炼机会，幼儿你来我往的言语交流、动作行为都能促进幼儿思维水平、人际交往的提升。教师在投放材料前，应该针对幼儿的年龄特点制定材料收纳的规则，与幼儿商讨，充分了解幼儿在收纳过程中的困难，根据幼儿的实际能力水平有针对性地去投放材料，解决材料收纳的问题。

江苏省苏州工业园区新加花园幼儿园 张婧仪

以传统节日为契机，提升幼儿社会性情感

我国传统节日具有悠久的文化底蕴和历史积淀，例如：喜庆团圆的春节，家家户户贴春联、包饺子，处处洋溢着喜庆的氛围；清明节是祭奠缅怀、追忆先人的节日，可以使幼儿感受到追思的情感；中秋节是团圆的节日，表达着团圆美满的情感等。我国传统节日蕴含着各种教育价值，我们深入挖掘传统节日的教育内涵，积极倡导"传统文化进校园"的理念，营造适宜的环境，抓住幼儿的兴趣开展主题活动，让幼儿从小受到传统文化的熏陶，感受我国传统节日的魅力和蕴含的深刻寓意，提升幼儿的社会性情感，使幼儿从小树立良好的道德品质。

一、营造适宜环境，提升自主参与体验

环境是重要的教育资源，也是最有价值的教育形式之一。幼儿社会性情感的发展不是靠说教，而是与周围环境有着紧密的联系的，他们能够从优美和谐的环境中潜移默化地受到熏陶与影响。教师开展传统节日的教育，要注重浓郁的节日环境的熏陶，为每个传统节日创设相应的节日氛围。

创设相应的节日环境时，教师不要把环境创设的过程作为教师的"独角戏"，要把这个过程作为幼儿自主学习的过程，让幼儿主动参与主题环境的创设，让幼儿充分和环境互动，真正成为班级环境创设的主人。如开展以春节为主题的传统节日活动时，我们会在走廊悬挂红

红的福袋、甜甜的糖果，使幼儿在这样的氛围中感受到团圆美满的寓意。幼儿可以自由地摘取福袋，品尝美味的糖果，感受到节日的快乐氛围。我们还和幼儿一起动手写对联、剪窗花、制作红灯笼、悬挂红红的鞭炮等，营造浓浓的节日氛围。幼儿看到制作好的成果悬挂到班级之中，会有成就感。这样一方面促进幼儿参与到环境创设之中，另一方面也能让幼儿在布置的过程中感受到喜庆的节日氛围，增加对传统节日的认识和热爱。再如以端午节为主题的传统节日活动，我们和幼儿一起编五彩线、制作小香包、包粽子等。幼儿动手操作后，我们将幼儿制作的成果悬挂到活动室，使幼儿体验端午节独特的氛围，激发孩子们学习屈原的爱国情怀。

二、利用现代化信息技术，激发兴趣

教师在开展相应传统节日的教育过程中，要注重使幼儿和节日产生情感连接，增加幼儿对传统节日的情感。如充分利用现代化信息技术手段，可以使幼儿更容易感受到传统节日的寓意，增加对传统节日的热爱。如端午节的来历对于幼儿来说是比较久远的，他们不能很好地理解其内涵。我们就利用形象的动画、生动的语言辅助幼儿理解，尤其播放一些趣味化的动画视频，让幼儿更直观地感受节日的氛围、体验节日的魅力。又如过春节时，我们为幼儿播放十二生肖的故事，拓展幼儿对春节习俗的了解，增加幼儿对传统节日的热爱，也增加了他们期盼春节到来的兴奋心情。

三、开展主题活动，增加多元经验

传统节日不是零散的、碎片化的内容，教师要把握住教育契机，生成相应的主题活动。如有一次依依早晨入园后，兴奋地对小朋友说："我去超市看到好多月饼，有各种口味呢，我最爱吃豆沙馅的月饼。"她的话题引来了更多小朋友的讨论，琪琪好奇地问："为什么要吃月饼呢？"其他幼儿七嘴八舌地议论起来。

我们抓住幼儿的兴趣点，生成了主题活动"中秋节来了"。请幼儿通过和家长共同查阅文献、资料等方式，使幼儿对中秋节有一个初步的了解。于是，他们带来了《嫦娥奔月》的故事，兴奋地与同伴进行分享。

接着，我们后续生成了"爷爷为我打月饼""团圆的中秋节"等系列活动。在开展主题活动的过程中，我们注重调动幼儿学习的主体性，让幼儿多感官地参与，鼓励幼儿说一说自己的感受，进一步丰富了幼儿的经验，提升了幼儿的社会性情感。

四、家园亲子共育，丰富节日内涵

传统节日的教育不仅要在幼儿园开展，也要利用好家庭资源，发挥家庭教育的优势，进行家园协同教育。我们开展的传统节日活动会和家长充分互动，使家长了解幼儿园开展的传统节日活动的意义，使家园间达成教育的一致性。如端午节，我们邀请家长走进幼儿园，和幼儿一起包粽子，有的家长主动将家中包好的不同口味的粽子带到幼儿园，让幼儿和同伴共同品尝、分享，一起感受浓浓的节日氛围。又如重阳节，幼儿了解到重阳节的寓意，他们兴奋地回到家为爷爷奶奶做力所能及的事情，为他们端茶倒水、捶背洗脚，感受着为老人主动做事的快乐，也表达着自己的感恩之情。在重阳节的活动中，幼儿逐渐意识到敬老爱老是我国一辈辈沿袭下来的传统美德。再如元宵节，家长和幼儿在家中自主设计了不同颜色、不同造型的花灯，有熊猫花灯、荷花花灯、灯笼花灯……别具特色，惟妙惟肖。幼儿兴奋地将花灯带到幼儿园，大家一起欣赏，相互讲述，进行赏花灯、猜灯谜等活动，感受元宵节的喜庆。通过这一系列的活动，可以提高幼儿的文化自信，提升幼儿的社会性情感，让幼儿感受到我国传统节日的魅力。

河北省保定市高碑店市第二幼儿园 张乃艳

"趣玩"传统节日，建立文化传承意识

我国传统节日是中华民族悠久历史和文化的重要组成部分，这些具有民族特色的传统节日蕴藏着我国人民的优良品质，如勤劳、善良、爱国、坚韧等。然而，大多数幼儿对中国传统节日知之甚少。

幼儿园是开展传统节日文化教育、传承中华文化的重要场所，有些传统节日里，教师会在班级各种环境中呈现出与节日有关的元素。如春节，班级里会张灯结彩、福字满堂，但这只是一场视觉盛宴，这些表面漂亮的环境布置，只是让节日变成了对幼儿发展并无多大意义的"秀"，幼儿并没有主动参与，积极性也不高。有些教学活动甚至守旧单一，几乎没有与节日习俗相关的整合课程，节日习俗文化又多以灌输为主，让幼儿对传统文化的内涵及理解变为死记硬背，毫无学习趣味，削弱了幼儿对传统节日学习的兴趣。究其原因，主要是教师自身缺乏对传统节日文化的深刻理解，没有把传统节日文化和课程整合、融会贯通，导致了幼儿的被动状态。教师应建立传承传统节日文化的责任意识，运用智慧让中国传统节日"好玩"起来，让传统节日文化转化为幼儿喜爱并愿意传承的活动，凸显其核心童趣。

一、激趣——玩节日之元素

节日元素的本身是一种文化的反映，对于传统节日元素的表现形式，不仅仅要让幼儿感受一饱眼福的静态元素，更应该能让幼儿在真实的材料互动中体验妙趣横生的动态元素，让幼儿有兴趣点可玩。

1. 主题墙面创意玩

主题墙面的活动是一个动态的过程。在主题墙面设置"传统节日创意玩"版面，就是教师在墙面预设一些活动场景，让幼儿通过各种创意的玩法来和墙面互动趣玩。如春节设置"猜谜天地"，幼儿必须通过弹跳球跳起来去墙上拿到答案。又如端午节开展"奇妙的粽子屋"等活动，让幼儿将自己包的粽子放到墙面小屋里，并给粽子设计好它们的"奇妙环境"，以此增强活动的创意性和趣味性。在幼儿无限的"趣玩"中，让每一个节日的元素都"活"起来。同时在实施的过程中，教师根据幼儿的兴趣，持续深入设计墙面环境，创设每一个传统节日的主题墙动感地带。

2. 区域游戏串联玩

区域环境的合理利用，为幼儿对传统文化的学习搭建了平台，因此区域游戏活动投放的材料，不仅要能衬托节日氛围，也要关注到幼儿的兴趣所在，凸显"趣玩"的核心。如中秋节，语言区投放关于中秋节的故事录音，表演区则投放具有节日特色的道具，二者串联互动，配合音乐将中秋节的故事演绎出来，充满趣味性。我们还通过"儿童会议"的形式，收集幼儿感兴趣的各种材料，通过亲自识材、创新、分享、交流等一系列的串联游戏，以及夸张有趣的表演，不仅让幼儿对传统节日的特色习俗充满兴趣，同时也让幼儿的价值观和民族认同感得到多元的浸润教育。

3. 户外活动个性玩

每个传统节日几乎都有蕴含当地风情或节日特色的传统游戏活动。我们以视频的形式，让幼儿了解每种习俗活动的特色玩法，找到游戏的兴趣点，配合幼儿以自己的视角去设计活动，加以现代材料的利用，再投放到户外活动中，让幼儿快乐、积极、主动地创造并享受传统游戏活动带来的别样风情。如在"新春舞龙"游戏中，我们提供一系列现代材料（如皮球、气球、绳子、筷子、短木棒、梯子、垫子等），幼儿通过自行组合，花样舞龙，在锻炼体魄的同时，加深了对节日的认知和喜爱。

二、学趣——学节日之内涵

传统节日蕴含多方面的内容，丰富多彩的内容创造了教育的价值和必然性。它不仅是传统文化的传承，还可以促进幼儿民族精神的培育、认知的发展、社会性和个性的发展。我们将传统节日的精神内涵整合到一日集体教学活动中，让幼儿学之有趣。

1. **趣设计划——融入主题教学**

对于各方面发育都还未成熟的幼儿而言，还不需要将所有的传统节日教育都纳入学习计划。只要把握传统节日教育的核心意义，把握价值判断的要点，筛选出互动性强、趣点可抓，并有益于幼儿身心健康的节日活动作为主题活动的点睛之笔融入其中。如在开展"动物世界真奇妙"主题活动时，刚好碰上端午节，我们就根据幼儿游戏发展水平，设计出适合他们的有趣又好玩的集体教学和游戏等活动，融入主题之中。让幼儿在丰富多样且有趣的集体活动中，感受到节日文化的精髓，对传统节日的内涵美有更多的经验积累。

2. **趣说妙语——融入随机教学**

随机教学就是没有在主题活动计划里的活动。例如端午节时，幼儿突发奇想说一句"给粽子化化妆一定很好玩"，教师就乘此机会设计一个关于"粽子化妆"的艺术活动或者创造性游戏活动等。幼儿的愿望得到了满足，就会更积极地去探究节日中的各种问题，会越说越开心，越探究越有味道。所以，教师要多倾听幼儿话语中的兴趣点，以此作为切入点，随机组织趣味性强的教学、谈话、科学研究等活动，以幼儿的视角设计内容，满足幼儿的兴趣及行动的需求。

3. **趣解困惑——融入点面教学**

在一日活动当中，当个别幼儿对节日中的某一知识点产生困惑、提出各种疑问时，教师就用趣味性的例子对其进行解答，激起幼儿的探究兴趣。如幼儿问："端午节要吃什么？"教师回答："不是方的，不是圆的，那我们就吃什么？"面对老师趣味性问答，幼儿会更兴奋、更想知道答案，于是便会通过多种途径讨论、找资料，接着以小组为单位进行操作研究，慢慢扩大交流学习的范围，最后以点带面，使所有的幼儿都对传统节日的各种疑问充满了好奇。而此时，教师可提供给幼儿各种材料，助推幼儿的学习兴趣，强化幼儿对传统节日学习的动力。

浙江省海宁市许村镇联心幼儿园　程华

巧妙教学策略，弘扬快板文化

快板对幼儿来说是一件很有趣，但不常见的东西，幼儿通过对快板的认识和学习，能了解和热爱祖国优秀的传统文化，培养对传统曲艺的喜爱和兴趣，增强民族自豪感。学说快板不但能矫正幼儿的发音，使他们的口齿变敏捷，还能锻炼他们的口才，提升他们的语言表达能力。巧妙的快板教学，不仅让幼儿产生浓厚的兴趣，还更容易掌握方法。教师通过组织丰富多彩的活动，让幼儿在动手操作中，通过体验式学习来发展多方面的能力，在学习快板的氛围中陶冶情操、培养优秀品质。

一、师幼共创主题墙，培养幼儿对快板文化的兴趣

为了发挥环境的教育价值，使环境潜移默化地影响达到润物细无声的效果，我们在教室里采取了师幼共同创设主题墙的策略，开启了快板的探索之旅。

在丰富主题墙的过程中，我们邀请家长、幼儿共同搜集有关快板的知识、图片，幼儿们还把对快板的了解通过绘画展现出来，粘贴在主题墙上，使我们的主题墙内容更加丰富。我们通过不断丰富和完善主题墙，为幼儿的自主学习提供了平台，有效调动了幼儿参与快板活动的积极性。

二、"儿歌式"教学

儿歌是幼儿成长道路上的好伙伴，通过儿歌来学习快板常识以及

掌握打快板的技巧，既可以发展幼儿的语言能力，也可以促进幼儿认知能力的发展。韵律感十足的儿歌，短小精悍、朗朗上口，精练的语言汇成的小知识，不仅便于幼儿记忆，也有助于丰富幼儿的想象力。

在快板活动导入部分，教师打快板说儿歌，极大地引发了幼儿兴趣。如教师边打快板边说儿歌："小朋友，123，挺起胸，抬起头；小朋友，来来来，大大的眼睛看过来，轻轻坐在椅子上，我来和你一起玩。"有节奏的快板表演，朗朗上口的小儿歌，幼儿们感到很新颖，可以很快进入角色，对快板产生浓厚的兴趣。

正确的站姿是打快板的基础，我们引导幼儿站在小舞台上，把自己当成小演员。幼儿虽然小快板还不太熟练，但是站在小舞台上已经有模有样了。一边说儿歌一边练站姿，短小精悍的小儿歌时时刻刻提醒幼儿站姿要求，更能够融入学习快板的氛围。

对幼儿来说，能协调一致地打快板是有难度的。首先要正确拿快板，在教授幼儿拿快板的过程当中，我们除了对拿快板的技巧进行正确示范和指导，还以儿歌的形式教幼儿正确拿快板，如"小手枪，叭叭叭，小枪杆，挑起来。小手握住小快板，放轻松，打起来"。儿歌分解了拿快板的过程，幼儿很容易便掌握了拿快板的正确方法。

三、活动形式多样化

幼儿的学习以直接经验为基础，主要特点是做中学、玩中学，教师组织开展活动时应考虑多样化，通过不同的活动形式来吸引幼儿参与的积极性，这样，幼儿才能学得有趣、学得有效。

1. 游戏中学快板

《纲要》明确提出"幼儿园必须以游戏为基本活动"。游戏能寓教于乐，是幼儿学习的有效方式，适合幼儿的身心发展，可以促进幼儿的学习主动性。将游戏运用到快板教学活动中，可以让幼儿在游戏中享受快板学习，获得新的成长，得到更好的发展。如我们在学大板的过程中就将大板当作"翻盖电话"，玩起了打电话的游戏，幼儿们玩得不亦乐乎。又如我们将"开火车"的游戏运用到练习快板中，既增加了学习的趣味性，又让幼儿们在游戏中不断练习了快板。全班幼儿要边打快板边问开火车的人"往哪儿开"和"谁来开"，开火车的人随儿歌的节奏边打快板边回答。这样的快板教学具有游戏性，大大激发了幼儿活动的积极性，使幼儿愉悦地接受新的事物。

2.区域游戏中玩快板

我们将快板投放在探索区，让幼儿在区域活动中自由尝试，并互相模仿，幼儿很容易对艺术活动表现出自发的热情和兴趣。幼儿对快板熟练掌握后，我们又将快板投放到表演区，给幼儿提供练习和表演的机会，使他们强烈的表演欲望得到满足。

3.通过音乐练快板

音乐节奏感强，我们可以根据音乐的不同节奏，在快与慢、强与弱的节奏型中，让幼儿练习打快板，帮助幼儿掌握不同节奏的快板打法。

四、多种表现机会

快板教学，使幼儿了解和热爱祖国优秀的传统文化的同时，也使幼儿在快板教学氛围中陶冶情操、培养优秀品质。

教师应充奋地给幼儿提供表现自己的机会，在感受传统文化魅力的同时，提高自信心，培养良好品质。

1.我是小老师

我们尝试在快板教学游戏当中进行"我是小老师"活动，请幼儿们轮流来当小老师，带领全班幼儿打快板说儿歌。我们还让他们回家当小老师，把在幼儿园学的小快板以及小儿歌教给爸爸妈妈、爷爷奶奶。这样，幼儿们学习快板的兴趣更高了，还能过把当小老师的瘾，增强了自信心。

2.大型舞台展示

幼儿园为幼儿提供了大型舞台展示活动，在这个属于自己的舞台上，幼儿们大胆地展示了快板本领。有的幼儿虽然羞涩，仍旧坚持完成自己的表演；有的幼儿的表演令人惊喜，不但声音洪亮、站姿标准，也很自信，很是像模像样。在演出前，幼儿们通过练习、彩排，大大培养了坚毅、坚持的良好品质。

　　　　山东省济南二机床集团有限公司幼儿园　丁莹

《指南》引领社会领域中自信心的培养

　　《指南》从健康、语言、社会、科学和艺术这几个方面详细地指出了幼儿在每个年龄阶段所该达到的发展目标，明确了幼儿在每一个年龄阶段该知道什么、能做什么，这让教师在教育不同年龄段幼儿时更加有抓手，更有据可循。

　　《指南》中社会领域明确提出的第一重要目标就是幼儿能主动地参与各项活动，有自信心。在平时的教育教学活动中，我们引导幼儿学会学习，培养幼儿的学习能力，培养友爱、勇敢、克服困难、讲礼貌、守纪律的品德行为等方面的一系列能力，却忽视了能影响幼儿个性发展的核心问题——自信心。自信心是由积极自我评价引起的自我肯定并期望受到他人、集体和社会尊重的一种积极向上的情感倾向。自信心是对自己力量的充分认识和评价。自信心强的幼儿能积极主动地参加各种活动，能积极地与他人交往，与同伴建立起良好的关系，能勇敢地面对困难、大胆尝试。

　　在幼儿园中，也有相当一部分幼儿缺乏自信心，认为自己在某些方面甚至很多方面不如别的幼儿，往往表现为不敢主动地要求参加集体游戏活动，不敢主动提出自己的意见和建议，不敢在众人面前大胆地表现自己，面对新事物、新活动常常害怕、退缩等。那么，该如何培养幼儿的自信心呢？我们经过实践，总结出一些切实可行的方法。

一、为幼儿创设一个有利于自信心发展的环境

我们可以通过了解幼儿心理特点，尊重、信任幼儿，为幼儿创设一个自由、宽松、和谐的环境来促进幼儿自信心的发展。

1. 了解幼儿心理特点，尊重、信任幼儿

教师应采取少批评多鼓励的方法，倾听幼儿的心声，满足他们的好奇心，多给他们想象的空间，允许他们自由地联想、自由地谈论，让他们用各种不同的方式去表达自己内心的想法。当想法得到肯定时，幼儿的自信心会在不知不觉中得以提升。相反，如果成人对幼儿训斥多，态度冷淡，否定幼儿的建议和想法，久而久之，幼儿就会情绪低沉，对周围的事物缺乏主动性和自信心。

2. 为幼儿创设一个自由、宽松、和谐的环境

这里的环境侧重于心理环境，这种心理环境应让幼儿能够感受到自由、宽松、和谐的气氛。我们平时经常听到这样一些口头语："都坐好了！""不许乱讲话！"这种命令性的语言使幼儿处于一种"必须听话"的被动地位，缺乏敢于自我表现、自我发挥的机会。如在一次绘画活动中，一名幼儿把太阳涂上了绿色，巡查的教师要求他重画，这名幼儿委屈地哭了。事后教师去了解情况，这名幼儿说学过一首诗歌叫"绿色的世界"，他是根据诗歌的内容涂的颜色。教师由此反思，认识到自己的鲁莽，并向幼儿道歉。

教师要学会尊重幼儿的一些决定，肯定幼儿的一些做法，平等地对待幼儿。为幼儿创设自由、宽松、和谐的环境，是培养其自信心的重要条件。

二、培养幼儿的能力，体验成功的乐趣

提高幼儿的能力，让幼儿体验到成功感，是培养幼儿自信心的有效途径。如给幼儿提出适合幼儿水平的任务，鼓励幼儿积极参与、大胆创造与表现，幼儿在活动中学习、探索的过程就是自我提高的过程，自信心将被大大提升。

1.提出适合幼儿水平的任务

在日常教育活动中,我们应根据幼儿的年龄特点和个体差异,提出适合其水平的任务和要求,确立一个适当的目标,使其经过努力能完成。培养幼儿各种能力,并注意教给幼儿一些必要的技能技巧,如拍球、剪纸、画画、跳舞、系鞋带等。对于幼儿的点滴进步,都要给予表扬和充分肯定,让幼儿体验到成功的喜悦,使幼儿知道老师相信他们的能力,确信自己能做好。

2.鼓励幼儿大胆活动,体验成功的喜悦

如在一次体育活动中,有些幼儿由于体质差、能力弱等原因,在单脚跳跃活动中畏缩不前,难以完成活动。为了让幼儿体验成功,在每次的活动中,老师有意识地降低难度,让幼儿先尝试双脚跳跃,逐渐树立起幼儿的自信心。

3.相信幼儿有解决问题的能力

放手让幼儿在活动中独立地完成任务,在出现问题时,教师可采用讨论、委托幼儿等方法完成任务。倾听他们的意见,尊重他们的合理要求,使幼儿相信自己的力量。而对于自信心较弱的幼儿,教师要给予更多的关注,为其创造条件获得成功,逐渐提升自信心。

三、促进幼儿自我肯定,培养自信心

自我肯定是培养自信心的基础,自我怀疑会导致幼儿遇事退缩,不敢挑战新事物。教师可以对幼儿进行挫折教育或巧妙地运用补偿弱点的方法,让幼儿不害怕失败,培养抗挫能力;也可以帮助幼儿发扬自己的长处,建立良好的同伴关系,促使幼儿自我认同感的进一步发展,也是培养自信心的有效途径。

1.培养耐挫精神和教给补偿办法

在生活中,没有一帆风顺。怎样评价自己,怎样对待失败,不同态度会导致不同的结果。因此,在教育过程中要正确分析幼儿的情况,帮助幼儿正确对待不足和失败,培养大胆、勇敢、坚毅的意志品

质。如有的幼儿遇到失败会伤心难过，这时成人要主动接近他，帮助他分析失败的原因，鼓励他通过其他补偿方式来弥补弱点，以获得自信。

2. 帮助幼儿发扬自己的长处，建立良好的同伴关系

每个幼儿都有自己独特的地方，有的幼儿画画好，有的幼儿唱歌好，有的幼儿动手能力较好，他们在自己喜欢的领域里活动时是非常投入、自信的。教师应了解每个幼儿的特点，帮助幼儿在某些领域活动中获得成功，使幼儿建立起自信，从而促进其他方面的发展。如有的幼儿智力发展一般，但社会性发展较好，能关心集体，热爱劳动，教师要及时地表扬肯定他的这些做法，让他感觉到自己的可爱之处，从而促进其自我肯定，增强自信心。还有的幼儿由于不会交往而受到同伴群体的排斥和拒绝，从而感到孤独，缺乏自信。此时教师要教给幼儿正确的交往技能，多鼓励这些幼儿与同伴交往，并教育同伴接纳、关心和爱护他们。

四、巧用妙法，培养自信

培养幼儿自信心，可以巧妙使用方法，如心理暗示法、独立完成法、让幼儿自己做选择等。

1. 心理暗示法

当幼儿对某件事缺乏信心，有为难情绪时，要鼓励幼儿勇敢去尝试。教师平时也要注意对他们进行肯定，通过积极的暗示增强幼儿的自信心，促使幼儿不断尝试新鲜事物。但是过高的评价也会使幼儿的虚荣心有所增长，有时更不容易面对失败，这是我们应该注意的。

2. 独立完成法

有时，我们放手让幼儿独立完成一些事，比如插图、计算操作活动、穿鞋等。如果幼儿自己做了，无论结果怎样，我们都会给予鼓励，使他们感受到经过自己努力而取得成功的乐趣，并且逐步建立和增强独自做事的信心，从而更加乐于自己独立去做事。

3.让幼儿做选择

允许幼儿做出简单的选择，比如对他说："你喜欢穿白袜子还是带条纹的袜子？""今天课间餐你想吃苹果还是吃香蕉？"让幼儿学会选择，可以锻炼其独立思考的能力，从而增加做事的勇气。

五、家园共同努力，做好家园联系工作

家长在培养幼儿自信心的方面也起着重要作用。教师要向家长宣传培养幼儿自信心的必要性和方法，取得家长的认同及配合，结合家长反馈的信息共同探讨培养幼儿自信心的途径和方法。家长要懂得尊重和信任幼儿，要结合实际水平提出要求，不能操之过急、期望过高，以免挫伤幼儿的自尊心和自信心。从幼儿的心灵需求出发，才能更好地培养幼儿，发掘出他们身上的潜能。

北京市顺义区顺和花园幼儿园 高姗姗

大班幼儿责任意识培养实施策略

大班幼儿的合作交往能力已经发展到了一定的水平，萌发了帮助别人的意愿，喜欢帮忙，愿意帮忙，会尝试主动关心别人。但往往责任意识比较粗浅，虽然日常生活中在老师提醒下能做到自己的事情自己做，但需要监督和督促，缺乏主人翁意识和自我管理意识，面对困难加剧或问题变难时，也容易失去信心甚至想要放弃任务，以及在团队活动中不知道怎么付出努力等。教师应根据大班幼儿的年龄特点和日益增长的需求，在一日生活中循序渐进地发展他们的责任心。我们从"对自我负责、对他人负责、对集体负责"三个维度开展相应活动，提升大班幼儿的责任意识，促进其社会性发展。

一、在帮带互助中增强自我责任心

经历了小班和中班，大班幼儿成为了哥哥姐姐，不管是在生活自理方面还是学习能力方面都得到了发展。但要绝大部分幼儿保持良好的生活习惯，达到生活自理的状态，还需要进一步的提升和锻炼。

1. 榜样示范，管理自我

在生活比赛"一起来洗手"中，经过激烈的角逐票选出每组的最佳榜样，大部分幼儿在榜样示范中激发兴趣，在分解动作中发现问题，在模仿练习中巩固经验，在自评他评中获得肯定。就这样，看似简单的洗手活动变成了丰富有趣的实践探索，幼儿变成活动的引领者、示范者、管理者、评价者，在同伴的榜样作用中幼儿能够独立完成七步洗手法，逐步养成自觉洗手的习惯，保持良好的个人卫生。

2.结对互助，提升自我

在"整理衣服"的活动中，除了榜样示范，我们还形成了一对一的结对组合。首先是为同伴讲述整理衣服的重要性，其次在老师的带领下创编儿歌，带领同伴学习整理衣服的几个步骤，接着大胆主动地纠正同伴出现的问题，最后认真负责地点评同伴的辛勤付出。幼儿在和不同幼儿的结伴互助中耐心讲解、热情帮忙，把自己的宝贵经验传递给身边的同伴，不仅帮助了他人，也提升了自我。

3.亲子学习，肯定自我

在"整理书包"的活动中，幼儿从班级走向家庭、从幼儿园走向社区。在家人的带领下，幼儿通过采访谈话了解书包里的物品，通过社区的亲子操作、亲子比赛，体验整理书包的乐趣，在精彩丰富的社会实践中肯定自我、超越自我。

大班幼儿还可以在打扫卫生、分类整理等生活环节中，通过榜样示范、结对互助、亲子学习提高生活自理能力，传递积极向上的精神，做到自己的事情自己做。

二、在混龄合作中增强对他人的责任心

幼儿合作交往的意愿从中班上期开始萌芽，到了大班已经能很好地进行分工合作，能与同伴在学习活动中、游戏环节里完成各自的任务。但面对比自己年龄要小的同伴呢？或许能通过"大带小混龄合作"来强化大班幼儿的任务意识。

1.预设困难，体验失败

在"大带小"活动中也有失败的案例，如趣味涂鸦"换一换彩虹"活动，要求一大一小在一张画纸上创作。大班幼儿第一次与弟弟妹妹进行绘画合作，有一半的幼儿直接代替小班幼儿画画，让他们失去创作的权利，导致弟弟妹妹开始哭闹，最后合作宣告失败。通过谈话，我们了解大班幼儿的内心想法是"弟弟妹妹画得太慢了"，他们

认为和同龄伙伴之间合作比较顺利，但和比自己年纪小的伙伴合作就困难重重。但这一次看似失败的体验，却为后来的蜕变奠定了基础。

2. 接纳同伴，关心同伴

在辩论会"要不要合作"、绘本《我是哥哥姐姐》、谈话"怎样照顾弟弟妹妹"的活动中，我们让大班幼儿知道每一个哥哥姐姐都是从弟弟妹妹成长来的，引导他们发现、了解、接纳小班幼儿的特点，学会换位思考，为之后的合作增强自信。在之后的绘画游戏中，大班幼儿尝试大胆询问弟弟妹妹的喜好、时刻关注弟弟妹妹的情绪，在一次次地关怀中拉近彼此之间的距离，重新体验合作的乐趣。

3. 判断任务，主动承担

在"换一换"游戏中，大班幼儿逐渐学会关心他人、谦让他人、尊重他人，还充分利用自己的经验对分工合作的内容进行判断和调整，把简单的线条、小块的涂色、单一的点涂等任务留给弟弟妹妹，把较为困难的部分留给了自己。利用这样"大带小"合作游戏，让大班幼儿"不弃带、不厌带"，在温馨自由的合作游戏中提升任务意识、增强责任感。

三、在自主游戏中出谋划策，增强集体责任心

大班幼儿在同伴互助与混龄合作中积累了丰富的经验，因此开展自主游戏时变得胸有成竹、自信满满。但与前两个主题活动不同的是，在自主游戏中大班幼儿被分成了几个小组，以前的两两结伴、大小结伴的组合变成了多人团体组合。面对各种挑战，大班幼儿学会思考、学会发现、学会反思，在团队游戏中不仅提升学习品质，还获得了集体荣誉感。

1. 制定规则，遵守规则

组长是幼儿园中最为常见的管理员，也是教师在班级活动中较为常用的管理手段。组长不仅要为团队服务，也是一支队伍的领头羊，要发挥自己的凝聚力，带领组内的同伴为团队付出努力。在活动前，

我们通过自荐、投票等方式推选出各组的组长和副组长，并在组长的带领下计划游戏主题、制定游戏规则。在活动中，组长带领同伴一起分配材料、协商任务、遵守规则。在活动后，谈话分享、表征回溯、自评他评，组长与组员共同回忆游戏中的乐趣。

2.发现问题，解决问题

每一次自主游戏对大班幼儿都是一次突破和挑战，大大小小的问题接踵而至：有的发现同伴之间争抢玩具，有的发现同伴不愿加入游戏，还有的发现有同伴故意搞破坏。针对这些问题，在组长的号召下，幼儿们迅速展开头脑风暴，调整游戏方案，改变游戏规则，重建游戏氛围。幼儿根据自身的本领和经验，开展一对一的化解纷争、一对多的示范游戏、多对一的安抚情绪。面对困难不放弃，面对麻烦不逃避，面对矛盾不退缩，从而提升幼儿的交往能力和学习能力。

3.体验快乐，热爱集体

每当进行一次自主游戏，大班幼儿就获得一次成长的经历。因此，我们会利用谈话回忆趣事，寻找游戏的快乐，通过表征记录问题，提升自身的经验，自制绘本分享成果，增强班级的凝聚力等，巩固幼儿们的责任意识。家园共育中，我们注重引导幼儿主动分享班级的故事，带领幼儿积极响应公益活动的号召，帮助幼儿获得集体荣誉的幸福感，让大班幼儿在实践和体验中明白：不管是哪一种形式的集体活动，都应该为之付出努力！

幼儿的成长具有延续性和变化性，因此在活动中要循序渐进地推动发展目标，信任大班幼儿的能力，尊重大班幼儿的选择，放手大班幼儿的操作，肯定大班幼儿的成果，通过一次次的体验和实践让他们在生活、学习、游戏等领域获得成长。更重要的是，大班幼儿在矛盾与冲突中学会发现问题、思考问题、解决问题，不仅增强了责任意识，更提升了学习品质。

陆军军医大学第二附属医院幼儿园　徐亚玲　陈薇

艺术领域

对小班幼儿进行多元化美术教学

小班幼儿年龄在三至四岁之间，由于存在个体差异，导致幼儿分别处于涂鸦期的不同阶段。他们的自控能力较差，手的动作不够灵活，欠协调，缺乏坚持性。其实每个幼儿都有创造和表现的潜能，只是由于年龄小不知道该如何表现，有时教师的教学方法不当，就会造成幼儿对美术活动产生畏惧心理。

《纲要》明确指出，艺术教育的目标是让幼儿能"初步感受并喜欢环境、生活和艺术中的美""喜欢参加艺术教育活动，并能大胆地表达自己的情感体验""避免仅仅重视表现技能或艺术活动的结果，而忽视幼儿在活动中的情感体验和态度的倾向"。

如何让初入园幼儿对美术活动感兴趣？我们在多元化小班美术教学中有了新的思考，重点从以下几个方面考虑提升策略。

一、探索小班美术材料的新颖性

儿童心理学家皮亚杰强调："儿童是在周围环境的影响下，通过主体与环境的交互作用而获得心理上的发展。而凡是新奇的事物、奇特的东西都会使幼儿产生好奇心，幼儿受好奇心的驱使就会通过游戏活动来学习。"在小班的美术活动中，新颖的材料能吸引幼儿，最调皮、最好动的幼儿也会全身心地投入其中，想让他们保持创作的欲望与热情，必须在材料的选择和使用上突出"新"字。如在"美丽的围巾"活动中，我们改变以往只在固定大小的纸上画画的定性，大胆尝试让幼儿在大小不同、形状各异的透明塑料袋上、旧报纸上、宣纸上、绘画纸上用颜料进行色彩的装饰，呈现出不同的效果。又如在美工区，我们鼓励幼儿模仿小粉刷匠，用大刷子选择喜欢的颜料，在旧纸箱制作的小房子上进行粉刷，幼儿在整个过程中兴致高涨。又如在主题活动"我眼中的春天"中，刮画、滴染、海棉印画、油水分离画、粘贴画等形式让幼儿尝试到成功的喜悦，这些新颖丰富的活动材料让幼儿感觉绘画就是"玩"游戏，是件快乐的事情。

二、追求小班美术活动的趣味性

充分发挥美术活动特有的魅力，使活动内容与小班幼儿独特的情感和认知特征相适应，以活泼多样的活动方式激发幼儿的学习兴趣，并使这种兴趣转化成持久的情感态度是我们所追求的。美术活动本身虽然具有一定的感染力，能激起幼儿的兴趣，但小班幼儿的兴趣是短暂的。如果教师不注意利用其优势因势利导，就不能引导幼儿深刻地感受艺术之美。因此，首先应根据教材内容，依据幼儿好奇、易兴奋的心理特征，捕捉他们兴趣的激情点，然后凭借一定的教学方法，创设特定的、与之相应的艺术教学氛围，以趣激情、以趣生情，使幼儿喜欢美术活动。

1.创设游戏情境

在幼儿初学画画时，经常可以看到画笔乱放、乱丢的现象，我们创设游戏情境"七彩笔宝宝回彩虹家"，带幼儿们一边认识颜色，一边给每个笔找"家"，在这样的游戏中让幼儿慢慢地养成收拾整理的好习惯。

2.图形拼摆激趣法

我们也会运用图形拼摆激趣法，如在"小鸟小鸟"这一活动中，我们准备了圆形、三角形等几何图形，请幼儿猜猜这些图形可以变成什么，然后请幼儿摆一摆，以儿歌的形式帮幼儿进一步理解小鸟的特征："圆形变脑袋，半圆变身体，翅膀、尾巴用三角，装上眼睛和嘴巴，小鸟快乐地飞飞飞。"当小朋友看到可爱的小鸟时，都想亲手试一试，创作的欲望就由此激发起来了。

3.悬念延迟激趣法

在美术活动的准备工作中，常有幼儿问："老师，这是什么东西？要干什么？"对于这些问题，我们通常让幼儿在活动中了解材料的用法，幼儿会带着疑问自主去探索，充满好奇地一遍遍进行尝试，兴趣会一直保持高涨。

4.生活故事激趣法

涂色是一件比较枯燥的事，在让幼儿进行涂色练习时，总会发现幼儿持续性不够，常常半途而废。对此，我们借用生活故事来激趣，贴近幼儿生活，让幼儿易于接受。如故事《爱吃的牛牛》，故事中的牛牛喜欢吃各种颜色漂亮的东西。当牛牛吃了卷心菜时，全身上下都会变绿了，当它吃了西红柿时，全身就会变红……幼儿被奇特的故事吸引时，我们请幼儿说说："你想给牛牛吃什么颜色的东西？"幼儿们跃跃欲试，把自己想成牛牛。创新地使用各种有意思的事物，不仅培养了幼儿的色彩感、涂色能力，也提高了幼儿的语言表达能力、想象力。

5.欣赏激趣法

我们也会运用美丽、有趣的图片和优秀的作品请幼儿欣赏，通过作品的色彩美和造型美来吸引幼儿的注意，从而引导他们进入特定的活动情境，为创作做好铺垫。

三、实现小班美术作品的美观性

美术是一门视觉艺术，美的作品能让幼儿建立良好的审美感觉，激发他们的艺术情感，产生表现美和创造美的兴趣。而由幼儿自己创造出的美的作品更能让幼儿感受到成功的喜悦，提升自信。那么，如何实现小班美术作品的美观性？

美术活动中选择的材料不能一成不变，可根据内容做相应的选择。如纸张可以在色彩、质感、大小与形状等方面多下功夫,富有变化的纸张往往能增加作品的美感。适当地选择一些辅助材料加以运用,可以使作品锦上添花。如在一些特殊的绘画作品中撒上一些盐,作品就会产生意想不到的视觉效果,深受幼儿喜爱。

对小班幼儿来说,一张空白的纸会使他们感到束手无策,如果在纸上画一些物体或贴上一些小图片,幼儿就会较容易接受。

布置幼儿的作品时,应错落有致、富有变化。可以用即时贴装饰成小房子或小花的造型,然后把幼儿的作品张贴在里面,会让幼儿觉得很有意思。

四、挖掘小班美术活动的创新性

在教材处理中,教师设计的活动既要坚持教材处理的一般性原则,又要根据幼儿的年龄特点和实际水平去拓宽教材,形成适合幼儿现实需要的独特风格。拓宽,不是盲目地把深奥的知识放到教学中,而是围绕目标,把幼儿的目光从课本上引向自然和社会,把活动与实际生活联系起来,激发幼儿的兴趣,拓宽幼儿的艺术视野。

教师要充分挖掘现有教材中能引起幼儿兴趣的内容,多寻求教材内容和幼儿实际需求的结合点,调动幼儿参与活动的积极性。还要根据幼儿的身心特点和认知规律适当地更新和补充教学活动内容,把时代气息浓、紧贴幼儿现实生活、符合幼儿需要的活动充实到教学中,以提高幼儿学习美术的情趣。

当然,教师更要重视从生活中取材,可以是幼儿感兴趣的事物,也可以是生活中的点点滴滴,这些与幼儿的生活息息相关,更容易被幼儿接受和喜欢。

北京市顺义区空港第一幼儿园 刘涛

绘本在幼儿美术教学中的运用

绘本由图画和简单的文字组成，作为幼儿喜爱的读物，能更好地激发幼儿的兴趣，丰富幼儿的想象力。绘本中蕴含着丰富的美术元素，能够使幼儿通过美术活动发现美、感受美、欣赏美、创造美。教师在美术活动中结合绘本尝试开展一系列的活动，可以促使幼儿在美术活动中获得多方面的发展。

《指南》中艺术领域教育的核心目标是培养幼儿的创造意识与创造能力，培养幼儿对审美对象的感知能力、想象能力及审美感受能力。将绘本应用到美术教学活动中能够对幼儿发展起到促进的作用，并具有很重要的现实意义。

一、激发幼儿的兴趣，调动幼儿的积极性

随着家长对幼儿教育的重视，绘本成为幼儿最主要的读物。绘本中的内容是丰富、有趣的，符合幼儿的审美以及幼儿的年龄特点，幼儿对绘本是非常喜爱且熟悉的。当把绘本融入美术教学活动时，能够最大限度地调动幼儿参与美术活动的兴趣。如我们根据幼儿的年龄特点以及幼儿的兴趣点，选择了绘本《好饿的小蛇》，故事的内容是以重复的情节、贴近生活的事物为主，并且插图的画风色彩鲜明、简洁。在组织小班幼儿美术活动时，以"好饿的小蛇"为主题，吸引了幼儿的注意力，激发了幼儿的兴趣，使幼儿主动地参与了此次美术活动，幼儿通过拓印、粘贴画等多种方式呈现了富有意义的美术作品。

二、丰富幼儿的想象力，挖掘幼儿的创造力

绘本作为丰富幼儿想象力的基础读物，不仅可以调动幼儿参与美术活动的积极性，使幼儿欣赏多种艺术形式和作品，同时使美术作品更富有创意，萌发幼儿对美的感受和体验，也初步培养了幼儿的艺术表现能力与创造能力。

当绘本与美术教学活动相结合时，活动就"活"了，其趣味性、创意性、连续性、故事性都有所增强，绘本画面也为幼儿提供了丰富的想象空间，活跃了幼儿的思维。如在进行主题绘画活动"神秘的礼物"时，我们以绘本《礼物》作为基础，运用绘本《礼物》中有趣的线索，引导幼儿进行多种形式的艺术创作，设计、制作各种各样的礼物，使美术活动更有趣味、更有创意、更有新意。

三、拓展美术活动的多种表现形式

幼儿的美术活动内容丰富、形式多样，主要分为绘画、手工和欣赏三方面，不同年龄段有不同的操作层次。为了拓展美术活动的多种表现形式，我们结合绘本内容及插图，在不同年龄段尝试开展具有中国特色的美术活动。如大班幼儿已经有较好的创作基础，在阅读绘本《进城》后，幼儿对绘本中巧妙融入的剪纸艺术非常感兴趣，诙谐有趣的绘本故事加上中国特色剪纸艺术，给人耳目一新的感受。利用这一特性，我们将《进城》运用到大班美术教学活动中，引导幼儿选取感兴趣的情节开展"剪纸中的故事"美术创作活动。在本次活动中，幼儿以《进城》作为参考，运用剪纸的形式创编出新的故事，一个作品呈现一个故事，趣味性极强，幼儿的创作热情高涨。

为了丰富美术活动的多种表现形式，我们还开展了"我的连衣裙"布贴画活动。根据绘本《我的连衣裙》中不断重复、变化的情节，幼儿选取自己喜欢的布进行布贴画创作，通过采用不同色彩、不同质地、不同形状的布块，创作出极具特色的作品。我们还把幼儿创作的作品在全园进行展览，形形色色的作品开拓了幼儿的视野，拓宽

了幼儿的经验，还吸引了家长的参与。绘本在美术教学活动中的有效运用，不仅丰富了幼儿的想象力，也促使幼儿的创造力得以充分发挥。

四、有利于幼儿情绪情感的表达

在美术教学活动中，传统的美术教育重绘画技巧轻情感表达。随着对幼儿心理健康的重视，将绘本运用于美术教学活动时，教师能够借助绘本有趣的内容、与幼儿生活相联结、重情绪情感表达等特点，改变传统美术教学中忽略幼儿内在体验、轻视情感和品格培养的弊端。如在阅读绘本《猜猜我有多爱你》时，小兔子通过肢体动作及与语言相结合的方式表达了亲子之间浓浓的爱意。根据幼儿的兴趣、创作水平以及年龄特点，我们在大班开展了相关美术活动。幼儿采用绘画、手工等多种形式，利用废旧材料、树枝、毛线、水瓶等多种材料，结合自身经验，制作成各种卡片或礼品，以表达对父母的爱。幼儿的作品呈现出来的是有内容、有形式、有情感的，这有利于幼儿作品的完整性以及幼儿情绪情感的表达。

绘本不仅仅是幼儿重要的阅读材料，在幼儿美术教学活动中，绘本的运用易激发幼儿参与美术活动的兴趣、挖掘幼儿的创造力、表达幼儿的情绪情感。在以后的教学活动中，我们还将不断地探索其价值，并充分发挥绘本的作用，使幼儿的综合能力在美术活动中得以提升，使美术教学活动更有意义。

中国人民大学幼儿园　于阳

走向回归本真的绘画活动

绘画是幼儿生活中不可缺少的元素，它是儿童内心世界的真实流露。幼儿对绘画的爱好没有任何世俗的功利性，他们的作品稚拙、天真，却又清新、真实、活泼。可是一些教师在教学过程中出现了教师预设内容、评价作品、灌输方法的成人化美术教育现象，不仅造成幼儿绘画教育失真的现状，而且影响幼儿身心的健康发展。绘画教育要注重与生活紧密结合，以幼儿的现实生活为背景，以生活经验为基础，以熟悉的人、事、物为内容，让幼儿感受生活、融入生活，获得美的体验，形成自然、真实的审美情趣，只有这样，才能真正促进幼儿个性的发展。

一、让绘画活动目标简明，关注幼儿的生活

绘画活动的目标不仅仅是追求幼儿们会画哪些物品、学会哪种绘画技能，而应该是将绘画教育的目标定位于关注幼儿的生活，即注重幼儿对生活中美的敏感性，培养其审美情感的体验和表达能力。审美感受是借助绘画让幼儿学会观察，尝试多种形式表达表现，培养幼儿的观察能力，发现体验生活的美；表达创造则要求教师创设环境，重视幼儿审美表达与创造能力的发展，并鼓励幼儿在绘画活动中自由自在地表达对美好生活的态度、情感与追求。

二、让绘画活动内容简洁，走入幼儿的生活

幼儿受其认知发展水平的限制，生活经验较少，他们往往只对日常社会中经常接触的、比较熟悉和感兴趣的物体有兴趣。教师在选择活动内容时，要注重给幼儿创造运用各种感官感知大自然色彩、世界万物形态的机会，让他们了解周围的一切，获得深刻细致的生活感受。例如：让幼儿观察动植物、环境设计等，做到在生活游戏中随时随地观察美、欣赏美；运用照相机拍摄各种图片、对幼儿感兴趣的动画片各镜头进行定格，引导幼儿去发现，培养生活情趣，提高审美修养。有了与环境的亲密接触和深刻体验，就可以挖掘出幼儿熟悉且感兴趣的题材。如针对小班幼儿喜欢小动物的特点，可以设计"让小兔走在草地上""小鱼吐泡泡""小猫玩球""小蜗牛的家"等一系列活动。还可以选择他们熟悉的人、玩具或食物为题材，如"我帮妈妈绕绒线""会变魔术的纽扣""我的手帕""小圆糖"等。绘画活动回归了幼儿对生活的认知经验与直接感受，既满足了幼儿个性化表达、学习需求，还使幼儿发现了生活的美。

三、让绘画技能方法简便，还原幼儿的生活

创设还原幼儿生活的绘画情境，让幼儿置身于艺术化的生活中，感受生活化的绘画，这样能让绘画装点幼儿的生活，使幼儿生活得更快乐。

1.观察法积累生活经验

带幼儿亲近大自然、观察大自然，是积累绘画活动生活经验的有效途径。在春天，可以带小班幼儿到公园放风筝，或找一找柳芽、迎春花，或闻一闻桃花……使幼儿在观察活动中体验愉悦的情感，激起探索的愿望，为绘画创作积累知识经验。

2.图式法展现事物特征

通过观察，我们会发现日常生活中的许多物体都可以用图式表现。作为教师，我们要以敏锐的眼光去发现，并进行概括——去掉细

节、突出主要特征、确定合适的表现形式。这样能帮助幼儿轻松、大胆地表现真实物象的特征，获得成就感，并自然而然地提高绘画创作的技能。如在大班绘画活动"菊花"中，教师先出示三盆菊花，让幼儿观察并自主归纳出花瓣的不同图式——直射型、蟹爪型、萝卜丝型，然后再总结三盆花的共同点——都是以花蕊为出发点。接着，再请幼儿观看菊展录像，一盆盆五颜六色的花竞相开放，他们不由自主地边看边说"这是蟹爪型""这是萝卜丝"……抓住了各类菊花的主要特征，幼儿在绘画时也就更流畅了。

3. 游戏法激发创造热情

游戏是幼儿的基本活动，也是幼儿对现实生活的反映，因此绘画活动也应力求游戏化。如开展"小小摄影师"的游戏前，教师为每位幼儿准备一架玩具照相机，并招来部分顾客（放在教室各个地方的漂亮布娃娃、积木房、小鸡、小鸭等玩具），给小摄影师们讲清工作要求——给顾客拍一次照就要马上打印出一张照片。当幼儿听说要当摄影师时，都高兴得又蹦又跳，模仿起成人来惟妙惟肖、津津有味，按下快门前都不忘提醒小动物们："不要动，笑一笑。"也不忘认真地画下每一张照片。游戏不仅大大地激发了幼儿的创作热情，而且使幼儿始终陶醉在游戏当中。

4. 特征法再现已逝情境

教师用通俗、生动的语言进行情绪渲染，引导幼儿再现情景，有助于幼儿大胆创作、充分想象。如参观公园的亭子后，我们适机组织幼儿讨论："亭子的上半部分（亭檐）像什么？亭檐是什么样子的？（翘翘的）亭子的下半部分是什么样？"讨论后总结归纳："亭子一般用几根圆柱支撑，四周无墙，顶部像鸟翅膀。"然后让幼儿根据亭子的特征自由作画。结果幼儿们画出的亭子出乎意料地丰富，都有自己的特色，并能很好地体现出亭子的特征。

5. 综合法启动想象的翅膀

将绘画与音乐、散文、故事、诗歌相结合，可以调动幼儿的听觉，引导他们根据听到的声音引发联想，把所听所感画下来，启动想象的翅膀，培养幼儿的审美情趣。如欣赏《狮王进行曲》音乐时，我们先请幼儿随着音乐进行表演，当幼儿能自信、自如、栩栩如生地表演各种动物走路姿态时，再引导幼儿展开想象进行绘画，幼儿笔下的动物自然就会千姿百态。

我们还针对幼儿喜欢听故事的特点，要求幼儿听完故事后，先回忆故事情节及主要角色的特征、动态，再大胆想象故事高潮后将会发生什么，鼓励幼儿进行多种设想，活跃幼儿创造性思维，幼儿的绘画内容也会变得更加丰富奇妙，能更好地促进他们自由地表达和创造。

6. 多样法激发创作的热情

首先是绘画种类多样，有线描画、蜡笔画、水粉画、刮画、沙画等；其次是绘画形式丰富，如接力绘画、合作画等。根据幼儿对绘画活动的兴趣，我们尝试"一物多种类、多形式绘画"，萌发幼儿乐于参与绘画活动的积极性。

四、让绘画活动评价简练，回归幼儿的生活

幼儿绘画教育评价要以保护幼儿美术性为出发点，以培养幼儿自信的个性为目的，发挥多种评价相结合的优势，将评价融入绘画活动的整个过程。不仅要重视绘画活动的结果，也要重视绘画活动的过程。对于幼儿绘画作品的评价不能简单地用"好与不好""像与不像"的标准，而要凭借一颗未泯的童心，借用一双幼儿的慧眼去观察和评价，感知幼儿对事物独特的视角。

总之，幼儿生活经验在绘画教学中的运用不仅是一种潜能的开发，而是一种精神的唤醒，更是一种内心的表露、主体性的彰显。让绘画活动回归幼儿的本真，是一个不断发展、变化的课题，作为教师，我们还需要不断地尝试、探索和研究。

江苏省苏州市阊西实验幼儿园 桑云

学习水墨画，培养幼儿审美能力

水墨画不同于日常的蜡笔画、线条画，它以其自由粗犷的特点、单一却神秘的色彩、简单的材料，为幼儿提供自由创想的空间。但是，水墨画的材料相对简单且本身缺少趣味，教学内容较为单调，若没有创新，很容易让幼儿觉得枯燥，同时工具操作复杂，幼儿实施起来比较困难。对于小班的幼儿，教学颇具挑战。如何让水墨画在幼儿园小班顺利开展？用什么样的方式或方法让幼儿理解和学习水墨画？如何让幼儿对水墨画产生浓厚兴趣？我们通过环境创设与课程相结合的方式，让幼儿在趣玩、乐玩、会玩中充分感受水墨画的神奇和美妙，创作出多姿多彩、生动有趣的童画作品。

一、营造水墨画氛围，让水墨画渗透进幼儿的生活

营造水墨画氛围，让水墨画渗透进幼儿的生活，可以通过设置水墨画主题走廊、水墨画主题活动区等方式，让幼儿在环境的熏陶下，潜移默化地感受和学习水墨画，提高审美能力。

1.水墨画主题走廊

为了让幼儿感受水墨画艺术的特点与绘画的风格，我们在走廊和吊顶上悬挂各种造型的白底扇子，请幼儿用水墨颜料给扇子润色，在润色的过程中培养幼儿对水墨画的兴趣。我们还把中国结挂在扇子的两端，幼儿用自己的作品装饰走廊的吊顶，不仅美化了走廊，还在无形中肯定了幼儿的作品。水墨画主题走廊，增加了幼儿对水墨画的喜

爱，让水墨画在幼儿心中慢慢地晕染。

2.水墨画主题活动区

为了使幼儿轻松地接受水墨画，感受水墨画的神奇之处，我们单独设立了一个水墨画的活动区。在活动区内，幼儿可以运用不同的材料，与水墨画进行碰撞，感受水墨的神奇。例如：投放很多颜料盒，方便幼儿调出浓淡不一的颜色进行绘画；投放吸管，请幼儿尝试用墨或者颜料在宣纸上用吸管吹墨；投放棉签，请幼儿尝试用棉签点画和用手指点画会有什么不同；投放喷壶，请幼儿用喷壶大胆创作进行喷画；投放西兰花、青菜头，请幼儿尝试用不同的蔬菜印出来的图案有哪些不同；投放洗洁剂，请幼儿把颜料与洗洁剂混在一起，用吸管吹出泡泡，看看泡泡会是什么颜色，或者用宣纸印画，把泡泡留在纸上。幼儿利用这些材料与水墨画进行一次又一次的碰撞与创新，也因此变得更加喜爱水墨画了。

3.水墨画图书角

在图书角，我们投放启蒙绘本，让幼儿在视觉的冲击下探索水墨画的奇妙之处。这些绘本分别是《点点》《变变》《涂涂》《晕染》，一步一个脚印，让幼儿逐步了解水墨画。有的幼儿在看绘本的同时，还会用手指顺着纹路临摹，自发地在绘本中启发学习的兴趣。

4.水墨画动画片

进餐前，我们播放水墨画的动画片请幼儿欣赏。利用幼儿最喜爱的动画片去欣赏水墨画，让他们在快乐中观察水墨画的绘画风格特色，体会水墨画用色的特点。

二、将水墨画与多种艺术教学模式融合

在文学教育环节中，利用幼儿对故事的喜爱，我们融合水墨画让幼儿在故事的情节中去作画。比如，运用《小蝌蚪找妈妈》绘本故事作为引入，引导幼儿去关注蝌蚪、了解蝌蚪，幼儿很容易融入故事情节，带着兴趣去作画，有的幼儿在作画时还会根据故事的情节进行创

新和讲述。与故事的融合，让幼儿在水墨画的情景中感受文学的意境美，通过大胆想象、创新，用毛笔在宣纸上表现出来。这样既激发了幼儿对水墨画的兴趣，又激发了幼儿的想象力与创造力。

在音乐教学中，让幼儿聆听歌曲，想象事物的形状、特征与色彩，自由发挥想象空间，用水墨画将事物描绘出来。如在活动"吹泡泡"中，教师在引入时播放了一首歌曲《吹泡泡》，歌词是："圆圆的肥皂泡，穿着花衣裳，随着风儿飞，闪着七色光。"听完歌曲，请幼儿说说在歌词中听到了什么，有什么形状、什么颜色。幼儿通过自由回答，发挥想象，再加上作画时播放音乐，更能提高幼儿对水墨画的兴趣，增加幼儿作画乐趣，使幼儿在想象的世界里自由创作。

三、开展多种水墨画主题互动活动

请幼儿欣赏大师的名画，观察水墨画独特的风格，与大师的画面对面地去碰撞，激发幼儿对水墨画的兴趣。在一次家长开放日，我们举行了一次亲子水墨画活动。教师请家长与幼儿一起欣赏《白桦林》，当幼儿看到画时，与爸爸妈妈讨论了起来："好高的树啊！好直的树啊！叶子都小小的、细细的。"讨论完后，幼儿和家长便开始合作画了起来。家长用毛笔画树干，幼儿用手指点画树叶。当家长画树干时，有的幼儿还提醒家长树又高又直。很快，一幅幅漂亮的作品展现在大家面前。通过欣赏名师的画，幼儿的作画兴趣被很好地激发出来，幼儿自己观察并且和家长一起动手绘画，效果远超老师单一的说教。

在大带小的合作中，用水墨画共同描绘大自然的美。写生对于小班幼儿来说有点困难，小一班邀请大一班的哥哥姐姐们一起来到荷花池边写生。每位哥哥姐姐都牵着一位弟弟妹妹，向他们介绍荷花的形状、颜色。教师请每组幼儿自己商量想画什么样的荷花、怎么合作。幼儿们商量完后，就开始作画了。他们一边商量一边画，有的哥哥姐姐会握住弟弟妹妹的手作画，有的哥哥姐姐会请弟弟妹妹们先画，然后在弟弟妹妹的画上润色。这期间，大班幼儿认真地教小班幼儿作画技巧，小班幼儿会观察大班幼儿的举动并模仿，他们一起感受大自然的美，并形成一幅幅生动美丽的水墨画。

四、设计丰富的趣味游戏与科学实验，寓教于乐

为了让幼儿了解墨的五色"焦、浓、重、淡、清"，我们分别放了五个盒子，盒子里装着五种颜色，每个幼儿手上都有五张画好的画，请幼儿给画找家。让幼儿在游戏中了解墨的五色，在游戏中实践、探索、发现，在为画找家的过程中知道这五种颜色的不同之处，通过游戏调动幼儿的兴趣和创新发现的能力。

为水墨画穿上神秘的外套。我们利用水的张力原理，用墨进行了一个小实验。首先准备一盆清水，再将磨汁滴在水中，用一根棉棒轻轻地一点，这时水与墨就会发生神奇的现象——墨会随着水的波纹一层一层地推开，形成大小不一、形状各异的同心圆。再用宣纸印画，把水上的墨再一次神奇地变到宣纸上。通过科学小实验，幼儿自己领悟，自己动手操作，印出不同的同心圆，在实验中认识水墨画的纸与墨，感受水墨画的神奇之处。

五、及时做出正面评价，给予幼儿鼓励与自信

为了让幼儿爱上水墨画，教师在教学中的评价就显得尤为重要。在画葡萄时，有的幼儿能很熟练地画好一个个圆圆的葡萄，这时教师会肯定幼儿的作品，满足幼儿的心理需求。可有的幼儿始终画不好葡萄，甚至想要放弃，这时教师要鼓励幼儿，然后提出一些建议，用恰当的语言增加幼儿的自信心，引导幼儿继续感受与创作。

通过一系列的实践，幼儿体会到了水墨画的意境和质感，在游戏中体验到了水墨画的乐趣和神奇，真切地感受到了水墨画的美。

重庆市新桥医院幼儿园 胡燕茹

与大师对话，和幼儿一起欣赏抽象画

美术欣赏活动是幼儿园美术领域教育活动中的重要形式之一。在众多美术作品中，抽象画的线条、形状、色彩等美术要素有其特有的组合方式，画面虽然没有真实的物体，也没有具体的人物，但这些有意味的形式往往能引发幼儿联想与想象，促进其创造力的发展。在还没进入具象写实阶段的幼儿，对画得像的具象主题大多数都是不擅长的，而抽象画是比较直觉性的，他们非常喜欢也善于与抽象作品展开对话。我们认为，幼儿园抽象画欣赏内容的选择和安排可以从以下几个方面来进行：

一、尊重幼儿体验，审美培养从欣赏开始

绘画并不一定非得画出什么具体事物，哪怕纯粹的点、线、形、色的组合也能够表达出情感来。毕加索穷尽一生就是要追求像幼儿一样画画，我们在幼儿创意美术教学的过程中发现，幼儿们对美术作品的奇思妙想往往令成人惊叹，那些天马行空的想法也散发着孩童特有的魅力。例如，欣赏《公主家的势利小人》作品时，教师提问："小朋友看看，这幅画上有什么？"幼儿们纷纷回答："有星星、月亮。""有小狗、小猫。""有很多的眼睛。""有一些小人。"教师进一步引导幼儿数一数小人的数量，数着数着，有幼儿发现这些小人长得不一样，有的头大大的、身子小小的，有的有一只眼睛，有的有三只眼睛，接着还发现画面上不同的颜色……幼儿们兴致高涨。

幼儿的绘画正处于涂鸦期和象征期，他们的绘画特点在一定程度上与成人的抽象画相似，但绘画的实质却不尽相同。在欣赏抽象画时没有唯一的答案，欣赏者能从中看到什么，全凭对画中基本元素本身及其组合方式的理解。尽管如此，让幼儿去欣赏抽象画，让幼儿从他们的视角去对抽象画中的点、线、面、色彩等因素进行大胆想象，也可能会带来意想不到的结果。

二、尊重幼儿年龄特点，选择贴近生活的抽象画作品

抽象画是具有自由形象、充满幻想、能充分表达艺术体验的美术形式。活动中，幼儿用抽象的色彩、点、线、面、块去构成具有客观形象的美术作品，不仅能培养幼儿抽象绘画能力、拓展思维及创造力、获得美的体验，也充分表现了幼儿的童真和内心的情感世界。

教师选择的抽象画应当贴近幼儿的生活，贴近幼儿生活的主题容易引发幼儿的兴趣和探索欲望，也使教学活动能够更加顺利地展开。抽象画的抽象要素应当是明确、清晰的，无论是点、线、形状还是色彩、构图，这些绘画要素都应当鲜明而突出，这是由于3—6岁幼儿仍处在具体形象思维阶段，鲜明的抽象要素更有助于其理解和把握抽象画。

三、关注幼儿情感的表达，注重材料、表现技巧的多元

对于课程内容的选择，美术创作涉及的面很广泛。在材料的选择上，除常见的蜡笔、水彩外，纸盒、泥土、绳子等各种生活中的材料都能运用到艺术创作中来。对于材料的多样性学习，不仅能使幼儿的作品更加丰富，同时也能让幼儿在观看和体验材料中提高认知能力。

幼儿也许缺乏足够的表现技能，但从来不缺乏愿望和想象力。多元材料不仅为幼儿创设了充满探索的环境，也能丰富其作品的表现方法，从而有效地支持其创造性行为。如《构图第八号》作品，线条、色彩、几何图案的组合让我们感受到了绘画和音乐的相融性，作品把

色彩作为钢琴键盘,将线条作为弦乐,把各种不同的构图当作铜管,打造出了动人心魄的"交响乐"。当我们站在幼儿的角度去看世界时会发现,幼儿和大师的灵魂是这么地相近。在开展活动的时候,幼儿们玩得非常轻松,他们可以随意地走动,自由地交谈,无拘无束地摆弄材料进行创作,音乐与美术相结合让幼儿发挥了无限的遐想。

四、注重幼儿的体验,享受表现与创造的乐趣

《指南》中指出"在有条件的情况下带幼儿欣赏艺术作品"。美术欣赏活动一直是幼儿园艺术领域活动的重要组成部分,幼儿在美术欣赏的过程中运用已有的认知理解美术作品,能够促进其对美的体验。在许多抽象作品中,几何图形往往是不可或缺的一部分。例如《百老汇爵士乐》《红黄蓝的构成》等,都是由简单的几何图形和色彩构成的。艺术家们在创作过程中通过灵活的构图和巧妙的色彩搭配,流露出不同的情感,这是欣赏过程中非常值得关注的一部分。

我们大胆探索多种抽象画活动形式,幼儿从生活中找出相似、相同、相知的具象,在快乐的涂抹、勾画中,勾勒出无限创意的美感画面,产生抽象的作品效果,在创作的过程中让幼儿爱上美术、爱上创想。如大班美术活动"点线之舞",教师播放音乐,随着音乐在画纸上画出大小不同的点点。然后出示米罗的《星空》作品让幼儿欣赏,幼儿在欣赏的过程中发现了很多星星,以此引出北斗星、牛郎星、织女星、金星、土星……幼儿充分发挥想象去画星星,然后把星星连起来,组成一张星星的网格,涂上颜色后玩起了创编故事的游戏,幼儿们在天马行空般的想象中赋予作品灵动的生命和意义。

江苏省无锡市新安中心幼儿园 张晴艳

美术与生活巧妙结合

美术活动是幼儿自我表现的一种方式，是他们表现思想、宣泄情境、想象和创造童心世界的一种有效途径。美术活动应以生活为中心，让幼儿参与实践，在教中学、学中学、做中学，切实培养幼儿的生活实践能力。

对于年幼的幼儿来说，他们的生活天真烂漫，充满了童话的色彩，犹如一张洁净的白纸，需要成人的教育与帮助，才能描绘出一幅彩色的篇章。幼儿园美术教育也渗透于幼儿的生活世界中，使幼儿在生活中感受美、体验美，从而萌发幼儿的审美情趣，使幼儿的身心健康受到良好的熏陶。

一、创设优美的环境，给幼儿美的熏陶

《纲要》中明确指出，环境是重要的教育资源，应通过环境的创设、利用，促进幼儿的发展。我们非常重视环境对幼儿的影响，注意与幼儿共创具有亲和性、教育性、趣味性、知识性的优美环境，把美育渗透到班级的各个角落，对班内环境进行统筹安排、精心设计、艺术布置，为幼儿创设一个充满情感色彩、具有童趣的环境，使幼儿在良好的艺术氛围中接受潜移默化的影响和教育。

宽松且富有童趣的学习环境、熟悉的生活化情景能促进幼儿参与活动的兴趣，调动幼儿学习的主动性。首先，我们将幼儿园布置成了幼儿的欢乐天地，在楼道墙上、走廊里、美工室，处处布置了各种艺

术作品，让幼儿时刻融入美的世界，欣赏色彩鲜艳图案的同时体验生活中的美。但最为瞩目的还是幼儿的作品，一幅幅稚拙可爱的趣味画作、五彩缤纷的纸艺作品、富有创意的自制玩教具，无处不体现着幼儿对美的感受，他们通过这些作品表达自己的想法，获得美的享受，培养审美情趣。

二、创设开放的环境，让幼儿自由创造

为幼儿营造一个宽松、自由、和谐的创造环境氛围，是幼儿顺利进行美术活动的前提。我们根据幼儿的兴趣爱好和能力差异创设了"巧手坊""剪纸乐""染纸屋""变废为宝"等美术区角，不同层次的幼儿都能找到自己展示的舞台。在这样的环境里，幼儿感受到被爱、被尊重，从而产生安全感和舒畅的情绪，轻松、放心地集中于活动，尽情地与物质材料接触，大胆创造，从而体验到成功的乐趣。

我们和幼儿共同收集各种生活化材料，创设丰富的环境，引导幼儿在自主选择中尝试各种运用美术手段进行记录的方法，探索在没有成人的直接指导下自主地学习。在幼儿的学习过程中，我们发现他们存在着极大的潜力。例如，幼儿在学画老虎形象时，一开始大都选择了填色这一简单的方法，但随着填色的成功，幼儿们又开始学习临摹、添画或改画，逐渐提高难度，在这个过程中幼儿们不仅锻炼了技能，还培养了审美能力。美术教育不能局限于专门的美术活动，当美术作为幼儿认识世界、探索世界的手段时，它的目标就不是学习某种表现形式，而是把握更为灵活的学习方法，形成自主学习、自我实现的能力，使美术在儿童发展中发挥更大的作用。

三、提供废旧生活物品，让幼儿变废为宝

幼儿认识周围事物大多依靠直接感知，具体的物品才能激发他们创作的灵感。我们重视一些废旧物品的收集，并鼓励幼儿和家长通过不同途径来收集废旧材料，让幼儿成为废旧材料收集的主角。幼儿们

乐于摆弄它们，乐于探索，充分展开想象，大胆进行造型或装饰活动，幼儿们的创造欲望得到满足。这样的活动不仅培养了幼儿们的想象能力和操作能力，同时也促进了幼儿养成废物利用的习惯，形成节约资源的意识。"变废为宝"将美术与生活二者巧妙地结合在一起，让幼儿们在玩中学、学中玩，从中感受美、体验美、创造美。

四、挖掘大自然中天然的素材，让幼儿创意制作

生活化材料作为美术教育的重要工具，是幼儿们学习、创造的中介与桥梁，而运用特殊的材料会使幼儿产生更浓烈的创作兴趣。大自然是一个丰富多彩的物质世界，它为幼儿的艺术创作提供了天然的素材，如蛋壳、果壳、树叶、种子、石块、稻草等，这些随手可得的材料，它们贴近幼儿的生活，让幼儿们既熟悉又新奇，易于唤起幼儿的创作热情与创作欲望。比如在幼儿的美术区域活动中，我们收集的瓜果蔬菜受到了幼儿们的热烈欢迎，激发了他们自主创作的热情——用萝卜、土豆、黄瓜等装饰成各种小动物，既有趣又可以布置活动室；用瓜果蔬菜的横截面作画或当印章，构思奇特，趣味盎然。

五、运用游戏法，让幼儿发挥想象

针对幼儿的年龄特点和心理需求，我们打破传统的教学方法，选择形式多样、活泼生动的教学方法，有助于激发幼儿的创作兴趣，促使幼儿更积极主动地参与活动，发挥其创造能力。

游戏是幼儿最喜欢的活动，也是幼儿美术活动中创造性表现的需要，我们将游戏融入美术活动中，使游戏与美术创作紧密结合。如趣味弹珠滚画，我们设计了弹珠在盒子里滚动跳舞的游戏，幼儿们一人一个盒盖，弹珠染上多种色彩在纸盒里滚动，通过游戏娱悦了幼儿的身心，激发了幼儿强烈的作画愿望，进一步体验到了多种工具绘画带来的快乐。整个活动根据幼儿的身心特点，以游戏情节贯穿始终，将滚珠画的技能自然地融入游戏之中，使幼儿学得轻松、学得开心。

六、充分发掘家长资源，让幼儿和家长亲子互动

在日常美术活动中，我们实现家园合作教育，使美术活动更生活化、直接化、灵活化、个性化。家长能参与到美术活动中，为开展家园合作教育搭建了一个生动的平台，如家庭绘画区、亲子废旧物品制作等活动的开展。同时在活动的过程中，家长也学会运用一些幼儿喜欢的游戏语言、方式、内容，在家庭中开展一些美术活动，如与幼儿一起选择家居物品的色彩、形状等，真正让幼儿审美情趣的培养回归到幼儿的生活之中。

我们还鼓励家长经常带领幼儿亲近大自然，让幼儿亲身去感受生活，最大限度地给予幼儿体验和感知美的机会，丰富幼儿自身对美的体验和真实情感，从中体味现实生活的美好，有感而发，自主地运用美术的手段进行表现表达，激发幼儿对生活的热爱和创作的激情。

总之，幼儿园美术活动与生活联系越紧密，幼儿越能感受和理解美，因此我们应多方位、多元化地创设能让幼儿感知美的环境，更多地关注幼儿不同的个性特征、兴趣爱好、成长特点、生活经验，用多种方式激发幼儿的好奇心和绘画动机，让幼儿在感受体验的过程中对美术活动产生浓厚的兴趣，进而学会生活，热爱生活，愉快地运用美术的手段进行创造、表现，体现自身价值，用富有创造力的大脑和灵巧的双手去描绘五彩缤纷的大千世界。

江苏省苏州工业园区尚城幼儿园　吴琪

观察法在美工区活动中的有效运用

美工区活动的设置是自由的、开放的，提供给幼儿更多的自主发展和活动空间，丰富的环境给幼儿的交往、合作提供了机会，更有利于幼儿社会性的培养。通过他们自己的动手操作，可以有效地促进幼儿在认知、艺术、情感等方面的发展。

观察是了解幼儿活动情况、发展水平的主要手段。观察可以让教师避免"以成人之心，度幼儿之腹"。在美工区活动中，教师通过观察幼儿，发现他们的艺术创作过程，了解其艺术发展水平，从而形成专业的判断，为幼儿的成长与学习提供具体协助。所以，我们所说的观察，包括一系列的行为。我们从观察、记录、分析、指导四方面提出了具体的操作方式和策略，对于提升教师指导美工区活动的水平有较好的指导作用。

一、关注幼儿需求，为幼儿提供支持

教师在活动中要能认真地关注幼儿的活动，了解幼儿当前已有的经验是什么，观察幼儿对什么感兴趣，考虑应在哪方面给予帮助，了解投放的材料是否符合幼儿的年龄特点、是否为幼儿所喜欢、是否能促进幼儿的发展，是否还有幼儿没有找到自己感兴趣的活动材料、适合自己的活动方式及方法，从而进行相应的调整，以满足幼儿的需要。教育智慧不会凭空产生，不会从天而降，它只能来自先进的教育理念，源于坚实的教育实践，源自先进的教育理论与坚实的教育实践的融合。

二、采用多维观察，及时调整策略

观察幼儿，可以更好地了解幼儿的需求，教师可以采用多维观察，如静观欣赏和适度指导相结合的策略、单次观察和连续观察相结合的策略等。

1.静观欣赏和适度指导相结合的策略

美工区活动是一种需要幼儿手、眼、脑并用，先把自己的想象和从外界感受到的信息转化成自己的心理意象，再通过一定的美术媒介把它表现出来的操作活动。当幼儿在活动中兴趣浓厚、积极投入时，我们可以抱以赞赏的眼光，做幼儿们最忠实的听众和观众，支持他们去尝试与实践，倾听幼儿间的交流、感受。但当幼儿在活动中遇到无法解决的问题甚至是危险状况时，则需要教师及时指导和帮助。指导的过程是为了激发幼儿的思考，让幼儿相互启发，为了引出精彩观点，也是为了进一步了解幼儿。因此，适度指导一定要把握好度。

2.单次观察和连续观察相结合的策略

观察时，教师可以根据需要对某一个或某几个幼儿进行观察，也可以对整个美工区的幼儿进行观察，还可以选择只观察某一次幼儿在美工区活动的情况。但是，有时想要了解幼儿在某个行为或事件中的连续表现，则可以进行两次或多次观察，以获得连续和较全面的分析和了解。

三、指导的方式和策略

指导的方式和策略有很多，如即时指导和延时指导、语言式指导和行动式指导等，也可以采用多种指导方法相结合的策略，促使幼儿的探索更持久。

1.即时指导和延时指导

有时候，需要教师马上进行指导和影响幼儿，也就是即时指导。

例如，当看到幼儿因为畏难而不愿画画时，可以握着幼儿的手给他开一个头，剩下的让他自己画。有时，教师也可以选择活动一段时间后，或活动结束后，或在下次活动时给予指导，即延时指导。例如，一位幼儿剪五角星时，同伴觉得她的五角星太"胖"了，两人便在一起尝试怎样让五角星"瘦"一点，多次尝试均未成功。但老师不动声色，一直到第二次活动时，老师才主动上前问他们遇到了什么问题。这两种指导方式各有优势，即时指导可以快速地帮助幼儿解决问题，延时指导可以给幼儿更多的思考和探索时间，提高幼儿解决问题的能力。

2. 语言式指导和行动式指导

在美工活动中，教师可以通过语言提示来指导幼儿进行美工操作活动，比如启发式的提问："你做了什么动物？还想做哪些动物来陪它一起玩？"除了语言式指导，也可以直接用行动指导，比如当需要制作一个展示台展示幼儿做好的作品时，教师可以和幼儿一起去寻找做展示台用的吸管、橡皮泥等。

3. 材料跟进，经验拓展

幼儿的美工活动往往是直接和材料、工具互动的，有效利用材料，能促进活动的推动和发展。教师应通过观察幼儿的活动情况，对因材料引起的问题给予适当补充和改进。在美工活动中，如果发现幼儿由于经验的缺乏而影响活动的推进，则可以通过拓展幼儿经验、丰富认知等手段对幼儿进行指导。

四、记录的方式和策略

记录可以锻炼幼儿的前书写能力，加深记忆，可采用的记录方式有很多，如文图视结合、重点记录策略、分步记录策略等。

1. 文图视结合

文字加上图片是观察幼儿进行记录的有效方式，而在美工区活动中，幼儿的作品是分析和评价幼儿行为的重要参考，可以通过拍照片或视频的记录方式，生动、具体地记录幼儿的行为、动作、语言、表情等真实情况，作为有效的学习材料。

2. 重点记录策略

很多教师会用记流水账的方式进行记录，没有重点，分析材料时则无从下手。可以根据观察重点、需要解决的问题、活动要求等情况，有重点地进行记录，从而有效评价幼儿的行为。而对于幼儿重复的活动表现，记录时可以进行简化处理。

3. 分步记录策略

为便于思路清晰地记录和浏览，可以边观察边进行粗略的划分，一个步骤一个序号一个自然段地进行。这种记录方式主要是针对经验不足的教师，分步骤进行记录可以间接帮助教师梳理思路。

五、重视结束环节的评价

美工区活动结束后，及时请幼儿进行自我评价，可以提升幼儿自我反思的水平。在大中班，还可以让幼儿互相评价活动中的表现、美工作品，从而互相欣赏、互相帮助。这样，同伴间的学习经验得到共享，可以促使幼儿学会站在他人角度看待问题。分析分为定性分析和定量分析，两种分析各有优势。教师可以根据幼儿在美工区的表现，选择合适的方式。有时根据情况，也可以将两者结合起来。

总之，要使观察法成为提升幼儿美工区活动质量的有效手段，对教师的专业能力和坚持性有一定的要求。美工活动时什么时候指导、怎样的指导才是适合幼儿的指导？对于教师来说是一个需要逐渐积累的过程。班级教师要合理分工，才能保证观察记录的有效实行。

美工区观察是提升美工区活动质量的重要手段。活动中，教师应睁大眼睛、管住嘴巴、耐心等待、适时引导，让幼儿能尽情地感受美、大胆地表现美、自由地创造美。

当然，幼儿园教育离不开家长的支持，可以通过家长会、家长开放日等活动，让家长认识到美工区活动是幼儿自主选择材料进行创作活动的空间，幼儿的创造性可以得到更大程度的发挥。当家长参与幼儿的美工区活动时，要引导家长当一个安静的家长或伙伴式的家长，发挥幼儿的主体性，让幼儿亲手操作，体验成功感。

重庆市沙坪坝区新桥医院幼儿园　沈光兰

幼儿园音乐教学中游戏化情境的创设

音乐能够启迪心灵、陶冶情操，有利于提升个人的综合素质，对幼儿教学有着极为重要的意义和作用，尤其是尚未完善知识体系学习的幼儿，他们的心灵感悟能力和思考能力尚处于启蒙阶段，有效的音乐教学活动，可从根本上提升幼儿园的教学质量，为幼儿的成长和综合素质的发展奠定扎实基础。

游戏是幼儿喜欢的活动，它能带动幼儿学习的热情，能帮助幼儿充分感知音乐课堂的快乐。教师要在教学中巧妙结合趣味游戏，把灵活多样的游戏活动结合到音乐学习的过程中，让音乐课堂在游戏化情境的带动下，气氛活跃，形式生动，以此充分开发幼儿活泼的天性，让他们在游戏化的愉悦课堂中，享受音乐带给他们的无限乐趣。

一、从幼儿发展情况入手，加强韵律音乐的实践教学

韵律教学是从幼儿的发展特点出发，以音乐熏染学习气氛，有节奏地进行各项身体运动，将音乐游戏活动与韵律音乐活动教学有机地结合起来，寓教于乐，让幼儿从游戏中得到音乐素质的提升，提升教学实践效果。结合韵律教学特点与幼儿身心发展特点，教师要采取有效的动作模仿、身体节奏动作、舞蹈等方式，加强幼儿身体的协调性，还要重视对幼儿身心素质和精神境界的开发。

幼儿对未知世界充满好奇和求知欲，他们的世界是纯净、无任何杂质的，任何偏颇的教学方式都可能影响其健康成长。幼儿园音乐教

师一定要不断提升自身的综合素质，为提升幼儿个人综合音乐素质打下扎实的基础。幼儿音乐教师还要进行必要的歌词诠释和教学，让认知能力有限的幼儿理解歌词大意，通过游戏方式讲解相应的歌曲，引发幼儿参与课堂学习的积极性，增加幼儿的亲身体验，这对提高幼儿的音乐精神境界和感悟能力有很大的帮助。如歌曲《大雨小雨》，单纯记忆歌词内容，小班的幼儿会感到比较困难。我们把内容变成朗朗上口的儿歌，让幼儿们在朗诵儿歌的基础上，以游戏形式表演歌曲内容，幼儿们就很快掌握了。又如小班音乐活动"三条鱼"，我们也是游戏形式，幼儿在扮演小鱼跟随音乐做律动中，轻松地记住了歌词内容。韵律音乐教学，符合幼儿兴趣需要，也遵循了幼儿的认知特点。

二、开展游戏教学，提升幼儿音乐教学的灵活性

开展游戏教学有利于增强幼儿音乐教学的灵活性，可以结合幼儿园音乐教学的实际案例，利用游戏教学方法引导幼儿进入教学情境，努力提升幼儿音乐教学的实践意义，更好地满足幼儿学习的身心要求。首先，教师可以通过游戏化的表演形式，积极开展幼儿音乐教学实践，如看图讲故事、即兴表演或利用现代化的教学媒体等营造良好的课堂学习氛围，保证幼儿音乐教学方式的有效性和灵活性，不断提升幼儿音乐教学的实践效果。其次，将教学内容与幼儿领悟能力结合起来，如组织幼儿进行小品表演或游戏表演等，增强幼儿园音乐课堂的乐趣，活跃课堂氛围，让幼儿喜欢学习，提升游戏化教学的效果。

三、运用歌曲接唱游戏

幼儿音乐教学离不开歌唱教学，教师要引导幼儿多参与歌唱活动，让他们在活动中锻炼自己的歌唱表演能力。教师可通过歌曲接唱游戏，实现快速学歌的目的，达到音乐课堂的高效性。接唱形式多样，可以是教师带领幼儿进行歌曲单句或者歌曲乐段的接唱，让幼儿在趣味接唱游戏中高效地完成任务，也可以是分组接唱，让幼儿在反

复地接唱中逐渐熟悉歌曲的旋律，为学习歌曲做好充分的准备。

在歌曲的学习中巧妙运用接唱游戏，可以有效地提高幼儿学习歌曲的效率，让音乐学习变得更加轻松。除了单个乐句的练习之外，教师还可以引导幼儿进行整个乐段的接唱，通过分乐段的练习展现音乐作品的丰富性。灵动性的音乐课堂，可以使幼儿更愿意在接唱中快乐地展现自我，得到教师和伙伴的认可，提高幼儿参与表演的热情。教师要为幼儿提供这样的机会，运用歌曲接唱游戏帮助幼儿实现展现自我的愿望，也让音乐教学活动变得更加趣味和高效。

四、开启歌唱竞赛游戏

幼儿音乐教学中应该多开展一些歌唱竞赛游戏，这样就能有效增强音乐课堂的活跃氛围，以提高他们在音乐活动中的参与热情。竞赛游戏是幼儿喜欢的一种活动形式，比赛能激发幼儿的快乐情绪，能让他们更加淋漓尽致地感知音乐课堂的快乐，是活跃音乐课堂的一种有效手段。如在"动漫歌王"活动中，教师先让幼儿说一说自己喜欢的动画片，然后进行一场别开生面的动画歌曲比赛，让幼儿唱出自己喜欢的主题曲，谁演唱的最多就可以获得"动漫歌王"的称号。幼儿以猜拳的形式分组进行，并为本组取一个有趣的名字，以此增加游戏活动的趣味性。在竞赛表演中，各组成员积极主动、努力勇敢地表现自我，克服了以往的胆怯，自信阳光地站在舞台上表演。音乐竞赛游戏有效地提高了幼儿的表演水平，让音乐课堂更加丰富多彩，也让幼儿在竞赛中锻炼了自己的多种能力。

在幼儿园的音乐教学中，教师要善于进行游戏情境的创设，利用游戏活动的生动性、趣味性来提高音乐课堂的高效性。而将音乐教学与游戏活动巧妙结合在一起，可以激发幼儿的学习积极性，让音乐教学发挥其自身的教育优势，帮助幼儿健康快乐地成长。

河北省高碑店市第二幼儿园　张伟

在音乐活动中培养幼儿的节奏感

在音乐教育中，节奏是构成音乐的三大要素之一，没有节奏就没有音乐。节奏是音乐的重要表现手段，不同的音乐有不同的节奏型。节奏是舞蹈的支柱，是舞蹈的基础，舞蹈可以离开音乐，但不能没有节奏。节奏感是一种快乐的源泉——当幼儿走步时，给幼儿配上进行曲，幼儿会走得精神焕发，而且表情泰然自若。

节奏是音乐艺术的重要表现手段，是音乐的骨骼，是舞蹈的支柱，是音乐生命力的源泉。节奏感是音乐能力的重要组成部分，是感受音乐中音的长短强弱的能力。音乐节奏感不仅具有运动性，也具有情绪性，是指在音乐活动中能够体验、感受节奏在音乐艺术中的情绪表现，并能准确地再现的能力。对幼儿进行节奏感的培养是十分必要的。

那怎样在音乐活动中培养幼儿的节奏感呢？我们做了以下尝试。

一、语言节奏训练和动作节奏训练

游戏是幼儿感兴趣的活动方式，用游戏化的方法培养幼儿的节奏感，而且要具有音乐性，绝不能只让幼儿机械地打拍子，要引导幼儿感受节奏的美，让幼儿获得审美体验。兴趣是最好的老师，有了兴趣，幼儿才能保持积极性、持久性，才能更好地感受音乐的魅力。

1.语言节奏训练

音乐节奏的主要来源之一是人类的语言，语言本身含有丰富、生动、微妙的节奏。幼儿从出生后，时时处处都在接触语言，生活在语言的环境之中。语言有节奏，有音调的高低、强弱，富有韵律感，因此从语言节奏入手练习节奏、培养节奏感最富有音乐性。

（1）结合词组、短句，用游戏的方法进行训练，让幼儿掌握一定的节奏型，探索语言节奏的韵律。比如"说名字""指五官"等游戏，每一个节奏都采用从感知到理解、从模仿到创造的方法，使幼儿掌握词组、短句后便于迁移创造。

（2）学习歌曲时，按音乐的节拍、节奏、速度、力度念歌词，以便更好地掌握音乐的节拍、节奏、速度和力度。

（3）通过语言节奏和动作节奏的模仿来识记节奏符号。幼儿认识节奏音符时，不要求记住节奏音符的名称，只要掌握节奏音符的时值。

①语言节奏：速度不变，按节拍器的时值，幼儿匀速地念儿歌，例如：

××××｜××××｜××××｜××××｜……

小鸭小鸭　嘎嘎嘎嘎　小狗小狗　汪汪汪汪……

②声音节奏：由听觉感受转化为视觉，听老师用小乐器敲出四分音符和八分音符的音长，启发幼儿用笔画出声音的节奏，例如：××××可以画成——————。

③看动作拍节奏：比如"老师拍球我拍手"的游戏，教师按一定的节奏拍球，幼儿拍手模仿，使幼儿进一步区别四分音符和八分音符时值长短的概念。

从语言节奏入手练习，按照念语言节奏→出现节奏型→在音乐的伴奏下进行练习的顺序，幼儿接受得很快。开始选用的旋律和节奏要一致，当幼儿对节奏掌握得较稳后，随时变换性质相同的不同音乐，让幼儿随音乐拍手、拍腿。在进行节奏训练时，不能离开音乐而枯燥机械地练习，一定要在音乐伴奏下，培养幼儿对音乐的整体感受。幼儿只有通过视觉（看节奏谱）、听觉（听音乐）、运动觉（拍手、拍腿）的联合感知，才能获得对节奏的敏锐感觉。

2.动作节奏训练

动作节奏训练就是通过身体的动作，来感受音乐的节奏。音乐主要通过声音的高低、快慢、强弱等手段来表达，要使幼儿感受这些表现手段所表达的内容，单靠听觉是难以完成的。动作在幼儿的认识活动中有着重要的作用，因此，在培养幼儿的节奏感时，需要有动作的参加，要让幼儿在活动中加深对音乐的体验和感受、感受音乐的节奏。

动是符合幼儿的生理、心理特点的，动作节奏中的动和跳舞、律动的动是有区别的。律动、歌表演、舞蹈中的动，主要是训练有节奏、有美感的姿态动作为目的，特别是律动是在同一乐曲伴奏下相同动作的不断重复，要求动作整齐、优美，幼儿的注意力偏重于动作，容易忽略音乐感受的因素。而我们采用的动作节奏，核心是动，这个动是以音乐刺激听觉，产生印象，再以身体的动作来表现音乐，把音乐的情绪、速度、力度表现出来，发挥幼儿学习音乐的积极性和创造性，强调创造力的培养。

二、结合音乐作品，感知音乐

结合音乐作品，可以感知音乐，如可以感知二拍和四拍的节奏，感知音乐的力度、速度、高低并用动作表现出来，这样，可以提高幼儿艺术熏陶与审美情趣。

1.感知二拍和四拍的节奏

教师要提供可以明显感知二拍和四拍节奏的进行曲和舞曲，同时也给幼儿欣赏三拍子的乐曲，让幼儿逐渐区分两种乐曲的不同，在理解歌词意义的基础上，启发幼儿根据歌词内容想象动作，也可配上乐器。根据幼儿年龄特点，要由浅入深、循序渐进地练习，练习形式如下。

（1）听音乐拍手，启发幼儿还可以做什么动作，培养幼儿的创造性。

（2）做各种不同节奏的小游戏活动。

（3）听音乐进行手脚配合的行进间的节奏练习，比如手拍四分音符，脚走八分音符。

（4）分辨乐句、旋律的节奏型。

（5）进行声势练习，即用跺脚、拍腿、拍手和捻指所发出的不同音响来组合成各种节奏型的练习，培养幼儿对节奏反应的灵敏性。声势练习可以表达歌曲的情感，用声势能表现出音的强弱，起到渲染气氛的作用。在启发幼儿用心看声势谱的过程中，可以发展幼儿的注意力、观察力、思维灵敏的反应能力。

2.感知音乐的力度、速度、高低并用动作表现出来

（1）通过游戏感知声音的强弱。力度在音乐中主要表现为音量的大小，是幼儿对音乐的最初感受之一。强的力度表达一种强烈的情感，中等力度一般表现为亲切、温和、诚挚的情感，弱的音量表现宁静、神秘。

（2）感知音高。幼儿在感知音乐的力度后，需要对幼儿进行音高训练，培养幼儿的音乐听觉能力。音乐听觉能力是幼儿从事音乐活动所必需的基本能力，一切音乐活动都要围绕听觉进行，所以对幼儿进行节奏感培养时，一定要培养幼儿的听觉，并和音高训练同时进行，以形成音乐听觉表象。

①感知声音有高有低：启发幼儿在日常生活中找出音的高低，并通过游戏来进行。

②感知音区的高低：用动作感知音区的高低。

③感受不同性质的音乐。

三、节奏乐进课堂

根据每节音乐活动的内容和要求，为每个幼儿准备好节奏乐，做到人手一份。在感受音乐的性质时，边听边敲，也可为教师的示范伴奏。复习歌曲时为了提高演唱的兴趣和增加表现力，可把节奏乐作为学具带入音乐教育活动的课堂。每节音乐活动的各个环节要充分利用节奏乐，充分发挥节奏乐的作用。

多种形式感受音乐、掌握音乐：感知理解音乐是学习节奏乐的首要条件，因此在学习节奏前，首先要采用形式多样的感受方法让幼儿感受音乐。幼儿初步感受音乐后，根据音乐的性质，编排符合音乐形象的语言节奏，让幼儿边听音乐边配上语言节奏，帮助幼儿理解音乐的性质和内容。

利用图谱理解音乐内容：根据音乐的内容画出形象的图谱，让幼儿感受音乐所表现的场面，通过图谱理解音乐。

在学习节奏乐的过程中，激发幼儿学习兴趣是很重要的，不能让幼儿死记、死练节奏，而是要通过游戏的方法让幼儿在探索中发现节奏型。

用启发式、讨论式、探索法启发幼儿为节奏乐配器。在节奏乐活动中，教师应引导幼儿在活动中通过操作、观察、讨论等途径去发现、探索配器。

①掌握规律配器：让幼儿利用已有经验进行正确的分析，做出合乎事物内在规律的判断。

②根据音色配器：如学习《采茶舞曲》时，引导幼儿根据音色的高低配器，音高用小铃，音低用圆舞板演奏。

③用讨论的方法配器：在学习过程中，教师是组织者、引导者，幼儿是学习的主人，因而教师要采用启发、引导、讨论的方法，通过幼儿自己讨论如何配器，使幼儿对乐曲有更深的理解，并且大大调动他们学习的主动性、积极性。

看指挥演奏。指挥是一个乐队的核心，我们注重培养幼儿指挥的能力，让每个幼儿都有做小指挥的机会，能体验到配合默契的快乐，并启发幼儿用和别人不一样的指挥方法进行指挥，发挥幼儿的创造性。

总之，培养幼儿的节奏感，借助节奏进行的音乐教育，符合幼儿的需要，因为节奏与活动相联系，幼儿最大的特点是动，可以调动幼儿的积极性。幼儿自主地奏乐、边歌边舞地奏乐、即兴创造性地奏乐，能够激发幼儿对音乐本能的热爱，引发幼儿自身内在的节奏感，寓学习于游戏之中，提高幼儿的音乐素质和能力。

山东省沂源县西里镇中心幼儿园　王爱玲

农村幼儿园唱歌教学提升策略

唱歌教学以培养幼儿的音乐兴趣为核心作用，注意让幼儿在倾听和欣赏音乐的基础上有感情地感受音乐、理解音乐、表现音乐，同时有效促进幼儿各方面能力和素质的发展。因此，唱歌教学是幼儿园艺术领域一种重要的教学形式。可是在当前的农村幼儿园唱歌教学中，教师大多把教会幼儿唱几首歌、幼儿能当众进行歌唱表演视为艺术教学的主要目标，在唱歌教学中强调唱会、唱准。这种教学模式忽视了幼儿的情感体验，也忽视了唱歌教学中的审美功能。同时，因为过于注重歌曲演唱的传授和学唱，枯燥和重复性的练习压抑了幼儿的主观能动性，容易使幼儿失去对音乐学习的兴趣。

教学目标是教学活动的指向，明确的教学目标可以使教师明确教什么，幼儿能达到什么结果，是教学评价的基本标准。但在农村幼儿园的唱歌教学中，有近一半的教学活动是没有设定教学目标的，活动让幼儿得到哪些新的体验、获得哪些新的发展，教师不太明晰。有的教学活动目标设定时没有考虑到幼儿的原有经验水平和实际接受水平，目标设置要么过高，要么过低，让幼儿在过难或过易的情况下，没有参与的兴趣，失去对唱歌的兴趣和欲望，极大影响了教学效率。教师在幼儿学习过程中适时、适宜地指导，是帮助幼儿突破重难点的必要环节，但农村幼儿教师由于艺术素养的缺乏，面对教学中的难点问题避而不谈、视而不见，没有很好地发挥教师的指导作用。

根据以上问题，我们深入研究农村幼儿园的唱歌教学现状，进行分析和跟踪，并采取一系列措施，取得了一定成效。

一、改变关注的对象——从活动到幼儿

音乐教学活动仅仅是促进幼儿发展的一个载体，因此，在设计活动时我们需要考虑如何将幼儿的兴趣、幼儿的需要、幼儿的发展与唱歌教学目标有机地结合，如何通过唱歌教学将幼儿的生活经验进行利用和拓展，以促进幼儿发展。根据这一理念，在教学活动实施过程中，教师应该以学论教。以学论教就是要关注幼儿的发展，而非教师利益的得失与表演，也并不是以活动是否按期完成为标准。在教学评价时，教师应该更多地围绕幼儿来展开，例如：活动内容是否符合幼儿的年龄特点；是否促进幼儿的发展；教师是否了解幼儿的原有水平；教学目标设置是否恰当；在活动实施过程中幼儿的认知是否层层递进；幼儿是否享受循序渐进的学习过程所带来的成长的快乐；教学目标是否达成等。

二、学习并理解艺术领域教学的要求与特征

《纲要》中艺术领域的目标提出，能初步感受并喜爱环境、生活和艺术中的美；喜欢参加艺术活动，并能大胆表现自己的情感和体验；能用自己喜欢的方式进行艺术表现活动。在指导要点中也指出，艺术是实施美育的主要途径，应充分发挥艺术的情感教育功能，促进幼儿健康人格的形成，要避免仅仅重视表现技能或艺术活动的结果，而忽视幼儿在活动过程中的情感体验和态度的倾向。幼儿对事物的感受和理解不同于成人，不能用自己的审美标准去评判幼儿，更不能为追求结果的完美而对幼儿进行千篇一律的训练，以免扼杀其想象与创造的萌芽。只有熟知相关专业要求和标准，在教学设计和教学实施的过程中才能有效地去落实，才不至于出现机械训练、重结果而忽视幼儿在活动过程中的情感体验和态度的倾向等问题。如在歌曲《拉拉钩》中，表现的是幼儿生活中比较常见的生活细节，幼儿对歌词理解

比较简单，如何体验歌曲中的情感、如何拓展幼儿的生活经验，才是唱歌教学中的重难点问题。

三、提高教师音乐素养

幼儿园唱歌教学是通过教师、歌曲与幼儿相互作用而展开的。教师的行为是一种有计划、有目的、有意识地主动对幼儿施加影响，以促进幼儿全面发展为目的的行为。因此，在唱歌教学中，教师要以培养幼儿的音乐兴趣为核心，注意让幼儿在倾听和欣赏音乐的基础上有感情地感受音乐、理解音乐、表现音乐。要做到这些，教师必须要具备扎实的音乐素养。首先，教师要具备音乐的鉴赏与分析的能力，即教师能较敏锐地识别什么歌曲适合什么年龄的幼儿，并能及时洞察什么歌曲包含着怎样的教育价值；其次，教师要具备音乐表现能力，即教师在拥有一定的鉴赏分析音乐能力的基础之上，还要掌握一定的歌唱与键盘乐器的演奏和即兴伴奏能力；最后，教师应该具备音乐理论知识，包括基本的乐理知识、舞蹈知识、音乐作品分析知识等。在教学活动中，教学效果与教师专业素养密切相关，比如，如何去理解、感受节奏、音高变化，此时如果教师的指导严重缺乏便会影响幼儿对音乐知识的理解与学习。

四、提升日常教学技巧

《指南》指出，要理解幼儿的学习方式与特点，幼儿的学习是以直接经验为基础，在游戏和日常生活中进行的，要最大限度地支持和满足幼儿通过直接感知、实际操作和亲身体验获取经验的需要。正是由于幼儿特殊的学习方式与特点，才对幼儿教师提出了更高的要求，教师在教学中不能简单地传授与说教，而要通过多种教学技巧来帮助幼儿愉快、积极主动地去探究学习。

1.关注幼儿现有经验，给予适宜的期望

感知音乐是幼儿园音乐教学的重要目标，其最重要的目的在于增加幼儿的音乐经验，丰富幼儿的情感体验，而不是让幼儿通过音乐教

学活动学会多少音乐知识。如果让幼儿像成人一样辨别不同的音乐种类，并说出它们的异同，就是错误地估计了幼儿的音乐感知水平，增加了教学的难度。应该关注幼儿现有经验，给予适宜的期望，设置明确具体的教学目标。

2.擅于营造气氛，创设幼儿感兴趣的情境，吸引幼儿的注意

虽然是音乐教育活动，但作为先行组织者的导入活动应该充分调动幼儿的原有经验，或是借用幼儿有可能感兴趣的形象、话题等，激发幼儿参与活动的兴趣。为此，教师可以采用游戏导入法、故事导入法、情境表演法、玩偶导入法、副歌前置法等方法吸引幼儿的注意。

3.有针对性地选取教学内容

要根据幼儿的认知特点，选取适宜的歌唱材料，如歌词中出现的形象是幼儿熟悉和喜爱的，内容是充满爱、想象力且具有美感和教育意义的，能够展现自然景物和美好生活的，可以促进幼儿认知等。歌词的形式与内容还要适合幼儿用动作来表现，因为幼儿此时的思维是以动作为主导的。与此同时，教师应当为幼儿选择适合他们音域的歌唱作品，便于他们唱出自然美好的声音，以增强幼儿唱歌的兴趣体验。对于低年段的幼儿，歌曲的节奏应该比较简单，以含二至四个乐句为宜，总长度不超过8小节，且词曲关系应该比较单纯，大多数是一个字对一个音。满足这些条件的歌曲便于幼儿传唱，可以帮助幼儿获得歌唱的成就感。

4.利用音乐记号，提高学习效果

儿童的思维是以具体形象思维为主的，如果仅凭教师通过语言进行讲授，那么许多音乐知识和歌词内容是不能被幼儿很好地接受的。可以利用图谱，使枯燥刻板的内容和知识简单化、形象化，便于幼儿理解和记忆。

（1）根据音乐的内容展开

对于音乐内容比较难理解的，可以先出示画面，让幼儿先行理解音乐所表达的内容，再让幼儿将音乐的内容与画面匹配。

（2）根据音乐的段落画线条

音乐不仅是声音的艺术，也是线条的艺术。幼儿对音乐的情绪表达或音高等看不懂的音乐符号，教师可以借助幼儿喜欢的符号来表达音乐作品，线条便是这样一种符号。当呈现柔美的音乐时，可以用波浪线、螺旋线来表现；当呈现明快音乐时，可以用锯齿线、短线来表现。如在学唱《把我的名字唱出来》时，重复的"卡卡卡"，可以画火车的形象，幼儿在学唱时可以想象火车的喀嚓声，这样就能很好地帮助幼儿理解音乐。

（3）根据音乐的节拍画节奏图

节奏图是一种特殊的图画，节奏图画得好，也能将音乐的美表达出来。每首音乐的节拍有强有弱，有快有慢，且有规律。用幼儿看得懂的图谱将节拍强弱规律表现出来，音乐的韵律结构也就呈现出来了。如歌曲表现的是茉莉花，就用茉莉花的形象来表现节奏，重拍用大一点的茉莉花，弱拍用小一点的茉莉花，并用茉莉花排列的疏密来代表节奏的快慢。

（4）根据音乐的规律列表格

适合幼儿演唱的音乐一般都是比较工整的，乐句也有一定的规律性。表格作为一种特殊的图符，它与图画、文字相结合，能帮助幼儿整理学习内容，让幼儿更好地掌握音乐作品。如在学习歌曲时，根据歌词在表格中出示与之匹配的图文卡，可以帮助幼儿了解歌曲的结构、每段乐句的内容，同时提升幼儿的概括思维能力。

唱歌教学作为农村幼儿园艺术教学的主要形式，将在很大程度上影响幼儿在艺术领域中的发展。因此，我们要通过不断努力，让幼儿在体验音乐带给他们的愉悦的同时，提升音乐素养，并促进个性和谐全面发展。

湖北省宜昌市兴山县教育培训研究中心　杨菊孝